第二節　無限風光

　　高聳的山峰 …………………………… *289*
　　奔騰的河流 …………………………… *291*
　　平靜的湖泊 …………………………… *294*
　　聳立的島嶼 …………………………… *296*
　　壯闊的瀑布 …………………………… *298*
　　自然奇觀 ……………………………… *301*
　　國家公園 ……………………………… *304*

第三節　燦爛的文明

　　古代文明 ……………………………… *307*
　　文化遺址 ……………………………… *309*
　　人類的信仰 …………………………… *311*
　　宏偉的教堂 …………………………… *314*
　　祈禱的地方 …………………………… *316*
　　文學與藝術 …………………………… *319*
　　包羅萬象的博物館 …………………… *321*
　　宮殿和城堡 …………………………… *324*
　　著名的橋樑 …………………………… *326*
　　紀念堂和紀念碑 ……………………… *328*
　　現代奇觀 ……………………………… *331*

第四節　異國風情

　　歡樂的節日 …………………………… *334*
　　奇異的民俗 …………………………… *336*
　　傳統的服飾 …………………………… *338*
　　優美的舞蹈 …………………………… *341*
　　民族體育 ……………………………… *343*
　　美味佳餚 ……………………………… *345*

第五節　一體化的世界

　　國際組織 ……………………………… *348*
　　地球村 ………………………………… *350*

第一章 綠色的家園

第一節 地球・我們的家園

浩瀚星空

點點繁星綴滿黑色綢緞般的天空，向地球上的人們一閃一閃地眨著眼睛。自古以來，人類探索宇宙奧祕的腳步就從來沒停止過，然而完全揭開宇宙神祕的面紗，還需要人類不斷的努力。

星系

我們所看見的每一顆星星並不是孤零零地單獨存在的，它和與它距離很近的其他星星、星雲，還有別的物質組成了一個大家庭，這個家庭就是星系。宇宙是由很多巨大的星系所構成的。

銀河系

開放型星團銀河系是宇宙中的一個星系，晴朗的夏夜，我們看見天空中的一道銀白色光帶，就是銀河系。整個銀河系都在宇宙中旋轉著。銀河系中包含了太陽系。

星雲和星團

在星系裡面，有一種主要

肉眼無法看到的星雲

綠色的家園

由塵埃和氣體組成，看上去像雲一樣的東西，它就叫做星雲。而由幾十個到幾十萬個相互靠近的恆星組成的集團就叫做星團。

開放型星團

恆星

像太陽一樣能夠自己發光、發熱的星體，我們就叫它恆星。過去人們認為恆星是永遠都不動的，後來才發現，其實恆星也在不斷地運動著。

恆星的結構

- 主要由氫組成的外包層
- 表面溫度約 3500℃
- 正以光和熱的形式釋放出大量的能量
- 氦正在聚變而形成碳的殼層
- 越靠近碳核，溫度越高
- 碳核的溫度約 1 億℃
- 氫正在聚變而形成氦的殼層

趣味小知識

恆星的生命

恆星和人一樣，也有自己的生命歷程。它誕生後，不斷地變化，長成一顆燦爛的星星，輝煌之後就逐漸走向死亡，最後恆星變成白矮星或一個沒有任何光彩的黑洞。

地球

地球是人類和其他生物的家園，但還只是宇宙中小小的一員。太陽光是地球能量的來源，地球上合適的溫度、氧氣含量和豐富的水資源使地球成為了宇宙中唯一一個已知存在生命的星球。

太陽系

太陽系以太陽為中心，已知有九個大行星圍繞著它運行，我們生活的地球就是其中之一。此外，太陽系中還有數十萬顆小行星，整個太陽系沿著一定的軌道在銀河系中運動。

地球的形成

地球最初只是一個巨大的火球，隨著溫度的降低和各種物質的沉澱，逐漸形成

太陽系的九大行星

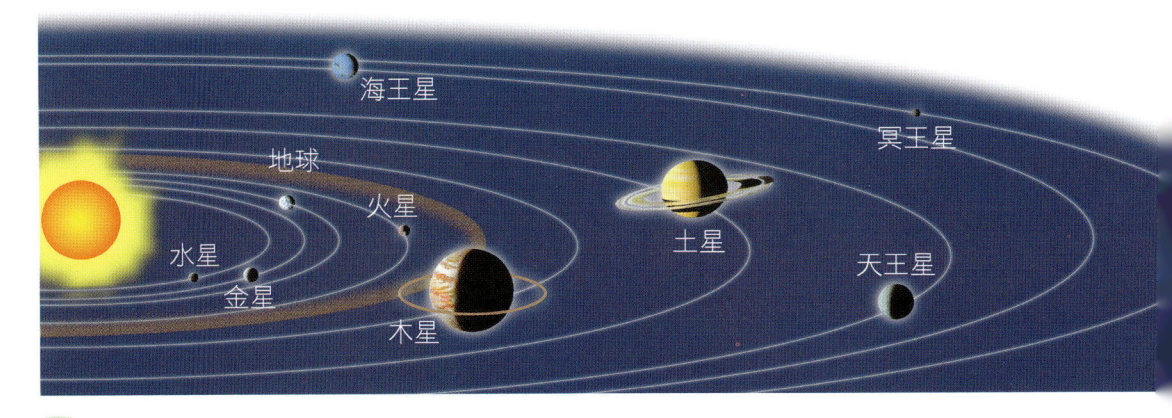

海王星
冥王星
地球
火星
土星
水星
天王星
金星
木星

綠色的家園

了原始的地球。但那個時候的地球還沒有水，也沒有空氣，經過了十八億年的演化才逐漸出現了原始的生命。

地球的構造

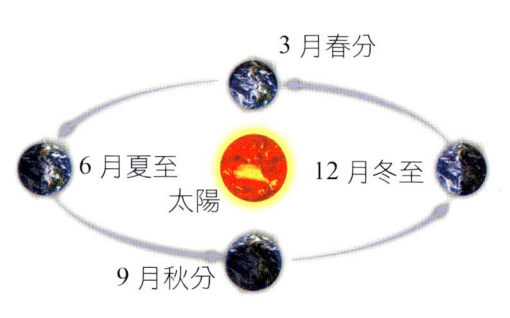

地球的表面只有約30%是陸地，其他70%大都是海洋。在地球表面之上，包裹著厚厚的大氣層，地球表面之下從外到裡依次是地殼、地幔、外核和內核。

地球公轉與四季的形成

地球的運動

地球自己每天都在不斷地以地軸為中心自轉，同時圍繞太陽公轉，地球自轉一圈需23.93小時。自轉使地球上有了白晝與黑夜之分。公轉一周需365.25地球日，公轉一周就是一個地球年。公轉產生四季的更替。

趣味小知識

地球的年齡

地球大概在45億年前形成了球狀行星，它的年齡已經很大了，但是從宇宙中的星球歷史來看，地球還是一個正值生命旺盛期的青年。

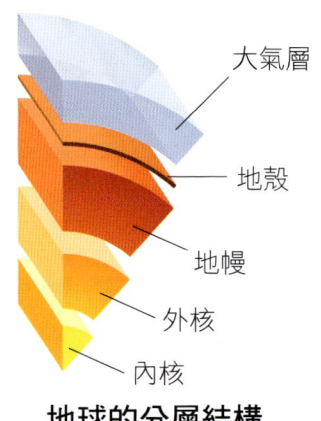

月球

月球是地球唯一的天然衛星，也是距離地球最近的天體。它上面沒有水，沒有空氣，因此也沒有生命。但是月球對地球的影響非常大，它和地球之間距離的變化引起了地球上海水的潮起潮落。

地球的分層結構
- 大氣層
- 地殼
- 地幔
- 外核
- 內核

陸地

地球表面上只有 30% 左右的面積是未被海水淹沒的陸地。地球上共有六塊大陸分散在海洋中間，分別是歐亞大陸、非洲大陸、南美大陸、北美大陸、大洋洲大陸和南極洲大陸。除南極洲外，其他大陸都有人類定居。

漂移的大陸

在地球剛誕生時，所有的大陸都是連在一起的，稱為聯合大陸。隨著地球的成長，聯合大陸逐漸分裂、漂移到了今天的位置，而漂移現在仍在繼續。

現在地球表面的陸地共有六塊，這六塊大陸被分為七大洲，分別是歐洲、亞洲

、大洋洲、北美洲、南美洲、非洲和南極洲。

地球公轉與四季的形成印度板塊在這裡以每年 2 公分的速度下降，造成喜馬拉雅山脈和古老的河床抬升。

亞洲板塊下沉到祁連山脈之下的斷裂區

塔里木盆地
地殼
岩石圈山幔
印度板塊
亞洲板塊
秦嶺山脈

大陸漂移示意圖

高山

陸地表面並不平緩，它上面有山、有谷、有河流，平均高度比海平面高 875 公尺。高山是陸地上的隆起，許多高大的山一直是科學家和探險家嚮往的神聖之地。

斷層山　褶曲山　火山　冠狀山

山的類型

高原

高原是陸地的又一特色，它是一大片高出海平面很多、但又不像山峰那樣起伏很多的平地。中國著名的四大高原是：青藏高原、黃土高原、內蒙古高原、雲貴高原。

吐魯番窪地是中國最低的盆地。

盆地

盆地是陸地地形的另一形態，它是一塊四周被群山環抱的平地。盆地中的礦產通常較豐富，而且有優越的水土資源發展農業。但是由於盆地四周是山，所以與外界的交通、空氣的對流等條件稍差一點。

河流

地球上的河流大多發源於高山，這些或長或短的河流為陸地上的生命提供了水源。世界上所有的人類文明發源地幾乎都出現在河邊。

沙漠

由於降水的缺乏，許多陸地成為一望無際的沙漠。在沙漠中，終年乾旱少雨，幾乎沒有植物，而且一天之中冷熱變化很大。最可怕的是沙漠中不固定的沙丘，還會吞掉周圍的綠地。

趣味小知識

喜馬拉雅山在長高中嗎？

喜馬拉雅山是在地殼劇烈運動時從大海中「升」起來的，由於地殼是在不斷地運動著的，現在喜馬拉雅山還在不斷地長高呢，只不過每年只增長 1 公分~2 公分，速度太慢，不易被人們覺察到。

綠色的家園

海洋

我們地球表面有大約 70% 的部分被海水覆蓋著，這些海洋互相通連。海洋在地球上的分布很不均勻，北半球大部分被陸地覆蓋著，海洋較少，而南半球則大部分是海洋，所以有人把南半球叫做水半球。

四大洋

地球上的海洋其實是相通的，只不過被陸地阻隔，分成了四個較大的水域：太平洋、大西洋、印度洋和北極海。

海

海是指那些靠近陸地的、大洋的邊緣部分，比大洋要小得多、淺得多。其中有被島嶼、半島與大洋分開的邊緣海，也有被陸地包圍的內海。中國東部瀕臨的海有渤海、黃海、東海和南海。

海岸

海洋和陸地的交界地帶就是海岸。千百年來，陸地與海洋之間你進我退的爭鬥一直沒有停息，因此，海岸的形狀一點也不規則。在海岸的某些地方形成的港口是海上交通的重要基地。

海嘯

海嘯是很可怕的災難。當海底發生地

15

震或海底火山爆發時，就會產生海嘯，引起海水巨大的波動；高達幾十公尺甚至上百公尺的海浪，不僅會掀翻海上的船舶，還會破壞沿海陸地上的建築。

發生海嘯時，海上狂風大浪，海浪可以在瞬間吞沒掉海上航行的船隻。

地震與火山

地震與火山爆發都是地殼運動造成的自然現象。地震和火山爆發是地球向外界釋放能量的方式，當地殼和地球內部的能量積聚到一定程度時，就會選擇地殼比較薄弱的地帶進行釋放。

海底的世界是神祕的，人類現在對海底世界的認識還是非常少。

趣味小知識

海水為什麼是鹹的？

我們平常所使用和飲用的水都是無味的，但是海水卻是又鹹又苦的，既不能喝，也不能用。海水怎麼是鹹的呢？原來，海水中有許多礦物質，這些礦物質中含有與食鹽相同的成分，所以海水就有鹹味了。

地殼運動

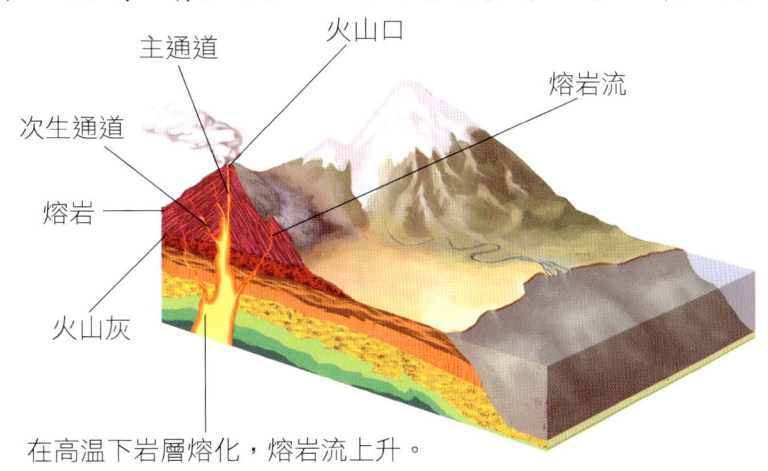

地殼是地球的固體外殼，這個外殼並不是安安靜靜地待著的，而是處在不斷的運動之中。它的運動導致海洋變成高山，陸地變成海洋，發生地震和火山爆發，海洋中還出現海嘯。

主通道
火山口
熔岩流
次生通道
熔岩
火山灰

在高溫下岩層熔化，熔岩流上升。

趣味小知識

為什麼地震多發生在夜裡？

地震隨時都會發生，但晚上太陽和月球的引力會引起地殼「潮汐」。如果地球內部正在孕育地震時，又受到太陽和月球的引力，地震的能量就會一下子迸發出來了。

最早的地動儀

世界上最早的地動儀出現在中國東漢時期，是由當時天文學家張衡發明製造的，這個儀器可以探測地震。地震來的時候

兒童百科一本通

這個候風地動儀，外壁均勻地分佈八條口含銅丸的銅龍，每條龍的下方各有一個張開嘴的蟾蜍。

，朝向地震發生方向的那條龍，嘴裡的銅丸就會掉到下面蟾蜍的嘴裡。

敏感的動物

有一些動物似乎能夠感覺到地震即將發生。地震來臨之前，老鼠、狗、螞蟻、雞等許多動物都會表現得煩躁不安，牠們似乎預知到了地震即將來臨。科學家們正在研究動物異常行為與地震之間的關係。

極地

地球的南、北兩端是極地，它們對大多數人來說都是很遙遠很神祕的，這裡的氣候比其他地區寒冷得多，但這裡也有豐富的資源。極地對地球環境有重要的影響。

極地的冰山是地球上最大的淡水資源。

南極冰蓋

南極是位於地球最南端的一塊大陸。這裡是一個被冰雪覆蓋著的世界，南極大陸的地

企鵝的樣子就像彬彬有禮的英國紳士。

18

綠色的家園

面覆蓋著近二千公尺厚的冰川，這是世界上最大的冰川，被稱為南極冰蓋。南極冰蓋在緩慢地流動著，這是世界上最寶貴的淡水資源。

北極

北極是地球的最北端，這裡大部分都是冰冷的海水，這就是北極海。在北極海中漂浮著幾塊島嶼，在這些島嶼上生活著不怕冷的愛斯基摩人。

永晝與永夜

處於地球兩極的極地在一定的季節會出現永晝和永夜現象。永夜時，一整天都不出太陽，全是黑夜，而永晝時，太陽就整天不下山。南極和北極的永晝和永夜是交替出現的，南極出現永晝的時候正是北極的永夜，反之也是一樣。

趣味小知識

愛斯基摩人

愛斯基摩人是最早在北極地區生活的居民，他們早已經適應了極地的嚴寒。他們居住在冰雪做成的屋子裡，通常以狗拉雪橇作為冰面上的交通工具。

極光

極光多出現在南、北兩極附近的天空，它是高空稀薄大氣層中氣體被宇宙射線撞擊而產生的，有各種顏色，在天空中五彩繽紛，漂亮極了。從前，人們認為極光是騎馬奔馳越過天空的勇士。

極光的形成與太陽活動息息相關。每逢太陽活動比較頻繁的年分，就會出現比往年更為壯觀的極光景色。

共同的家園

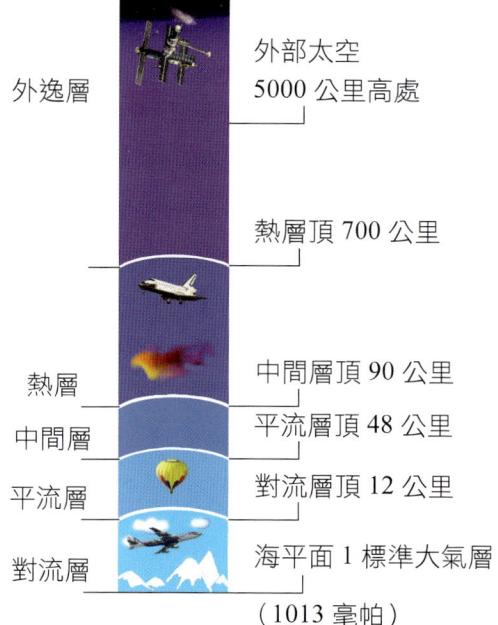

到目前為止，漫漫宇宙中已知只有地球存在生命，地球是人類和許許多多動植物共同的、也是唯一的家園。人類只能在地球上生存，我們要保護好地球的環境，保護我們的家園，和大自然中的一切和睦相處。

外逸層 — 外部太空 5000公里高處

熱層 — 熱層頂 700 公里

中間層 — 中間層頂 90 公里

平流層 — 平流層頂 48 公里

對流層 — 對流層頂 12 公里

海平面 1 標準大氣層（1013 毫帕）

自地表起，隨著海拔的升高，空氣變得越來越稀薄，大氣壓也逐漸降低，進入外太空後，氣壓接近於零。

綠色的家園

大氣圈
大氣圈是在地球的引力作用下聚集在地球外部的大氣層，這是人類和其他生物呼吸生存的唯一依靠。大氣中有氮氣、氧氣、二氧化碳和水蒸氣等各種生物生存所需的氣體，其中氧氣保證了生命的存在。

水圈
水圈是由地球上各種形態的水構成的圈層，這是自然界生物生存的必要條件之一。水圈的水不僅包括海洋、湖泊、沼澤、冰川中的水，還包括土壤、大氣中的水和地下水。

生命的起源
生命真正的起源過程至今仍是一個謎。一般公認，地球在形成後，大氣中的甲烷等氣體在閃電的作用下開始聚合成大分子，這些大分子落到溫暖的淺海中，逐漸產生了原始生命。

動物
植物產生的氧氣使地球大氣中的氧氣含量大大增加，為動物的出現奠定了基礎。植物出現幾億年後，以植物為食的動物終於出現。

植物
原始生命產生後，不斷適應環境，由單細胞向多細胞進化，低等綠色植物開始

出現。正是這些植物改變了大氣的組成，保證了動物的出現。

人類

人類是由類人猿經過漫長的歷史時期進化而來的。人類是大自然的產物，是地球大家庭中的一員，要與地球家園中的其他成員和睦相處。

趣味小知識

生物圈

人、動物、植物誰也離不開誰，大家共同生活在地球的生物圈內，各種生物相生相剋，每一種生物出現過多或過少的情況時，大自然都會做出一定的懲罰。

綠色的家園

第二節 植物王國

無所不在的植物

幾乎在地球的每個角落，你都可以看到植物的身影。植物是組成自然界一個不可缺少的基本部分，植物製造出了地球上所有生物賴以生存的氧氣和食物，你能想像出假如沒有植物，這個世界會是什麼樣子嗎？

最早的植物

藻類是綠色生命的先驅，它是最早出現的植物。藻類的結構比較簡單，它們只能生活在比較濕潤的地方，可以自己製造養分，還可以給大氣和海洋輸送氧氣。

尋找低等植物

苔類和蘚類都是低等植物，它們沒有真正的根，多生長在陰濕的樹幹上或岩石上。

你認為什麼樣的植物是低等植物呢？是矮小的植物，還是外形很簡單的植物呢？其實，低等植物主要是指繁殖方式簡單、多生長在陰濕地區或水中的植物，像苔蘚、藻類、蕨類等。

開花植物

不是所有的植物都能開花的，能夠開

23

花的植物是植物王國中數量最多，也是最高等的植物。你所見到的各種花卉、蔬菜、果樹都能開花，開花後經過傳粉，就會結出果實來。

開花植物必須到一定的年齡才能開花。

植物的壽命

不同的植物壽命不一樣長，有些植物可以生長幾百年甚至上千年。而有一些植物的壽命卻很短，可能只有幾天甚至幾個小時。

四季輪迴

在地球的大部分地區，植物是隨著四季交替周而復始地生長的，春天各種植物開始生根、發芽，夏天長得非常茂盛，秋天植物變黃留下種子，到了冬天則會枯萎、脫落，植物進入休眠狀態，等待來年再次發芽。

趣味小知識

冒名植物

你認為蘑菇是植物嗎？其實從嚴格意義上說，蘑菇並不能說是真正的植物，它們是一種真菌，沒有根、莖、葉，也不能自己製造養分，靠吸收其他動植物的養分為生。真菌有很多種類，有的可以食用，有的卻有劇毒。

綠色的家園

獲取養分

植物可不像動物和人類那樣，需要用嘴吃東西，植物的根、葉能吸收或製造滿足自己生存需要的養分。植物的根能從土中吸收各種礦物質，而葉片則進行光合作用，合成能量物質。

根從土壤中吸收養分和水分，透過莖傳到植物的各個部分。

尋找水源

根是植物吸收養分的主要器官，它吸收的養分必須是液態的，吸收水分的同時，也就吸收了土壤中各種溶解在水中的養料。植物的根有明顯的向水性，它會朝著水源充足的地方生長，有時會深入到幾十公尺深的地下。

趣味小知識

根深葉茂

根深葉茂就是說植物地下的根的生長情況和地上部分的莖、葉、花、果等器官的生長有著緊密的關係。

向上生長的莖

莖是植物最重要的地上部分，上面會長葉、開花、結果。植物的莖一般都是向上生長的，這是因為莖的生長點有向上性，無論你如何放置植物，它總是朝著向上的方向生長。

各式各樣的莖

在長期的生態發育過程中，環境變遷引起了植物莖的形態的改變，出現了各種形態的莖，如馬鈴薯的塊莖、洋蔥的鱗莖、豌豆的莖捲鬚、仙人掌的肉質莖等。

葉子的構造

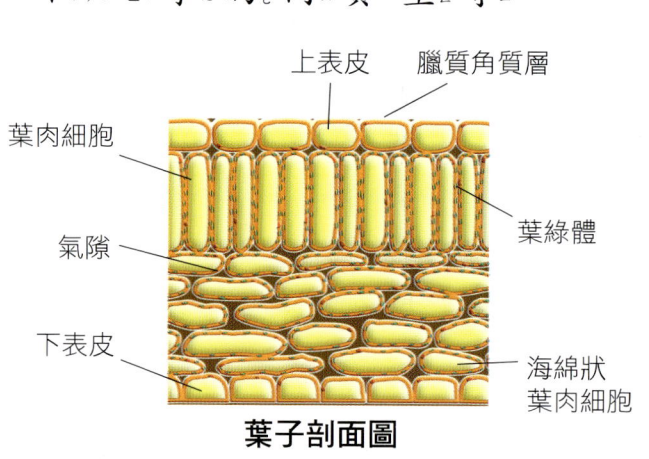

葉子是植物進行光合作用的主要器官，一片葉子由葉片、葉柄和托葉構成，而葉片是進行光合作用最重要的部分。葉片上還有葉脈，有些葉脈呈網狀，還有的是互相平行的。

葉子剖面圖（上表皮、臘質角質層、葉肉細胞、氣隙、葉綠體、下表皮、海綿狀葉肉細胞）

光合作用

每一片綠色的葉子都含有葉綠體，這些葉綠體是生產有機物的重要地方。它能利用光把二氧化碳和水合成有機物，並產

生出氧氣，人類和動物生存所需的食物及氧全是這樣來的。

鮮豔的花朵

有很多植物是會開花的，各種植物的開花季節、開花持續時間是不一樣的，而且不同植物的花的樣子、顏色也不一樣。各式各樣美麗的花朵把我們的世界妝點得五顏六色。

花的種類

你見過什麼樣的花？試試比較一下月季花與兜蘭的花外形有什麼不同？你會看到月季花的外形為圓形，它的花瓣、花萼、柱頭呈輻射對稱，這是一種整齊花。而兜蘭的花則是左右對稱，植物學上稱為不整齊花。

花蕾

吸引昆蟲的斑點
雄蕊上的花粉
接受花粉的柱頭
花瓣

花在沒有開放之前只是一個花骨朵，也就是花蕾。花蕾剛長出來時很小，被綠色的萼片包裹著，等吸收了養分以後，漸漸長大，這時花瓣的顏色就會從花萼外衣中顯露出來了。

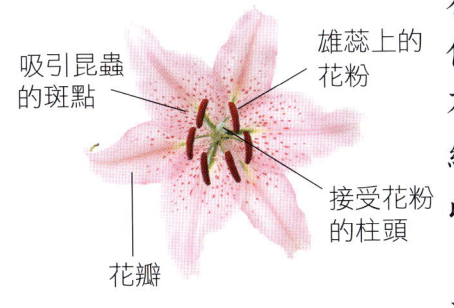

含苞待放

當花蕾長到足夠大時，花萼全部張開，這時花瓣已經完全露在外面了，但是各個花瓣還沒有完全張開，有許多花瓣還緊緊包裹在一起，這個時候就是含苞待放時期。

花朵的生長

當花朵含苞欲放一小段時間後，花瓣完全張開，裡面的雄蕊、柱頭等全部都會顯露出來，這個時候雄蕊上的花粉已經完全成熟，可以開始傳粉了。把花粉塗抹到柱頭上，就是傳粉。傳粉可透過風、蜜蜂、蝴蝶等進行，也可以人工進行。有些植物的雌花和雄花是同一朵花，而有些則不是。但不管怎樣，大多數花都必須進行傳粉才能夠結果。

蜜蜂和蝴蝶被比喻為花朵的「媒人」。

趣味小知識

花從何而來？

有些科學家認為花其實是一個變短了的小樹枝，花萼、花瓣、雄蕊、雌蕊等都是由葉子變態發育而來的。

綠色的家園

快凋謝了

花開一段時間後，不論有沒有經過傳粉，它都該凋謝了。花凋謝之前如果已經經過了傳粉，那麼在花瓣凋謝後，花的子房和其他部分就會開始發育成果實。也有少數花不經過傳粉也能結果，如香蕉等。

果實

果實一般包括果皮和種子兩個部分，種子可以萌發長成新植物，繁殖後代。有些果實有果肉，可以食用，像平時我們吃的各種水果和瓜類；有些果實果肉乾枯，如各種乾果、小麥、大米等。

堅果

我們平時吃的栗子、榛果、開心果、核桃都是堅果，它們的共同點是外面的果皮很堅硬，果皮裡有種子，這個種子就是我們食用的部分。

趣味小知識

你知道嗎？

我們吃的草莓，其實並不是真正的果實，我們吃的那部分果肉是草莓花朵下端的花托發育而成的，而上面的像芝麻一樣的小黑粒才是草莓真正的果實。

瓜

瓜是我們經常食用的一類果實，像西瓜、絲瓜…等，這些瓜都含有豐富的水分，有些被我們當作了水果，有些被當作了蔬菜。

莢果

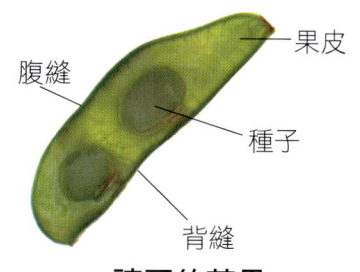

大豆、花生也是果實，它們都是莢果。這種果實的果皮往往比較厚，而且有兩片，裡面有多粒種子。大豆成熟後，會沿著腹縫和背縫裂開，但花生卻不會。

豌豆的莢果

果實的種子

很多果實都有種子，只有個別果實沒有，如香蕉。除了人工播種外，有許多植物的種子沒有腿，卻也能傳遍天下。椰子掉在水裡後能漂流到大洋彼岸，蒲公英能乘風飛翔到海角天涯，鬼針草的種子能粘在動物的皮毛上，跟隨動物四處跑。

蒲公英的種子毛茸茸的，風一吹就四處飄散。

樹木與森林

每一棵樹、每一株草都是森林中不可

綠色的家園

忽視的一員，森林被稱作「地球之肺」，為地球製造氧氣。而且森林對世界的大氣候環境、水土保持都有重要影響，森林也是許多動物的天然棲息場所。在世界不同地區的森林中，生長的樹木也是不同的。熱帶和副熱帶地區生長的多是闊葉樹木，溫帶地區生長著針葉樹木和闊葉樹木，而寒帶地區則多為針葉樹木。

適量砍伐

森林也有更新的過程，森林的更新有天然的，也有人工的。天然更新主要靠大自然的力量，老樹死亡，新樹生長。而人工更新是指人工採伐一定量的樹木，騰出空間讓幼樹生長，使森林完成更新。

熱帶雨林

熱帶雨林是森林的一種類型，熱帶雨林氣候條件適宜植物生長，所以樹木很高大、種類也很豐富，而且大樹底下的各種草本、藤本、寄生等植物生長也很發達。在熱帶雨林中生長著橡膠、咖啡等經濟植物，還有許多有毒的植物。

熱帶雨林中植物的種類非常豐富。

森林火災

自從地球上出現森林以來，森林火災就不斷發生。世界上平均每年發生森林火災二十多萬次，燒掉了大面積的森林。大火給森林帶來的災難和損失是無法估計的，但適量的火災對森林的進化和更新也有重要意義。

在森林中禁止使用火。

人類的糧倉

人類的生存離不開植物，尤其在食物供應方面，玉米、小麥、稻米是人類的主食。各種蔬菜、水果為我們補充了各種維生素、纖維素等營養；各種堅果、豆類產品則是我們日常生活中，蛋白質的重要來源。

趣味小知識

世界上最大的原始森林

世界上規模最大的原始森林是南美洲的亞馬遜熱帶雨林，這裡生存、棲息著許多動、植物。但是由於種種原因，原始森林也正在遭受嚴重的破壞，人類正在使用各種方法來保護這個美麗的綠色家園。

綠色的家園

稻

稻可以分為水稻和旱稻。稻的果實成熟後,剝開外面的硬殼,得到的就是我們平時吃的大米。水稻是一種生長在水田裡的禾本科植物,是世界重要的糧食作物之一。

小麥

我們平日裡吃的饅頭、麵包,各種點心、餅乾等都是用小麥做成的。小麥是世界上重要的糧食作物之一,在世界各地都有大規模的種植。

把成熟的小麥去殼後研磨成粉,就是我們所吃的麵粉。

水稻一般生長在水中,水分是否充足是水稻產量高低的關鍵。

玉米

玉米是拉丁美洲居民最主要的食物,也是世界上主要的糧食作物之一。玉米有很多品種,不同的品種用途也不一樣,比如可以用來榨油的高油玉米,用來做爆米花的爆粒型玉米等。

無處不在的植物產品

我們的生活離不開植物產品,像用做主食的小麥、水稻;用做飲料的茶、咖啡;用來釀酒的葡萄;用來織布的棉花;用來治病的各種藥材;製作傢俱的木材等都

33

來自植物。

蔬菜

蔬菜是人體所需維生素、多種微量元素和纖維素的主要來源。蔬菜的種植技術要求比種植糧食作物精細得多，而且方式也多樣化，有時還需要建設人工溫室。

在溫室中栽種蔬菜可以不受季節和天氣的限制。

現代農業

以前的農業生產技術很落後，每年生產出來的作物少得可憐。現在世界上很多地方採用了機械化生產，每年都能生產出上百億噸農產品供人類使用。

趣味小知識

多漿植物食品

隨著人類對植物的進一步瞭解，越來越多的植物成為人類的食品。現在人們很熱衷於吃仙人掌、蘆薈等多漿植物，它們含有許多其他植物沒有的、對人類有益的物質。

綠色的家園

保護植物

植物對人類來說非常重要，但是在人類自身的發展過程中，森林和草地都被嚴重地破壞了，植物的種類也在不斷減少。挽救並保護植物資源已經成為當前一項重要的工作，對於稀有、珍貴的植物更應如此。

四川黃龍自然保護區裡有許多珍貴的植物。

世界協定

為了保護地球的環境，1992 年世界各國元首在巴西舉行了聯合國環境與發展大會。大會第一次就控制氣體汙染、保護瀕危動植物、保護動植物的自然棲息地等方面達成了協定。

森林法

世界上許多國家都制定了各種森林保護法，用行政手段來保護森林，以便更有利地保護、發展、合理利用森林資源。

植樹種草

對各種植物的保護，最終受益的還是人類自己。植樹種草不但保持了水土，還有利於改善我們周圍的大氣環境，讓我們

呼吸的空氣更加清新。還把 3 月 12 日定為了植樹節。

控制蟲害

嚴重的蟲害會危害植物的生存，比如世界上每年有很多地方鬧的蝗災，大批蝗蟲所到之處，綠色植物全被吃光了。許多地方的防護林也經常遭到天牛的破壞。防治蟲害是植物保護的重要措施。

小鳥吃掉了樹木中的害蟲，而樹林又給鳥群提供了生存的樂土，彼此互惠互利。

禁捕益鳥

在大森林裡，有很多鳥類是大森林的好朋友，牠們是樹木的醫生。啄木鳥會吃掉樹上的蟲子，貓頭鷹捕捉破壞植物根部的老鼠，我們一定要保護好這些森林的朋友。

中國植物博物館——神農架

神農架是中國著名的原始森林，這裡生長著許多珍稀的植物，而且還有許多很古老的植物，非常吸引人。現在神農架已成為國際「人與生物圈」自然保護網中的一員，這個保護網更好地保護了林中的各種植物。

神農架是中國最完整的植物博物館。

綠色的家園

趣味小知識

保護植物

植物是人類的好朋友,它們給我們帶來食物、美化環境、調節氣候,我們一定要加倍愛護它們。這些都要從小事做起,不要踐踏草坪、不要亂採摘花朵等。

兒童百科一本通

第三節　動物時代

恐龍時代

在人類出現以前，地球上曾經出現過一個強大的物種——恐龍。恐龍統治了地球一億多年，當時溫暖濕潤的氣候促成了植物的興旺生長，給這些巨大的傢伙提供了充足的食物。

腕龍褶皺的皮膚可以使牠保持涼爽，長而有力的尾巴可以趕跑進攻者，牠的體重能達到80噸。

腕龍

腕龍是已知體重最重的恐龍，牠們的身子特別龐大，頭很小，脖子和尾巴很長。牠們靠長長的脖子才能吃到樹上的葉子。腕龍通常生活在水中，靠水的浮力來支撐自己龐大的身體。

劍龍

劍龍的樣子非常有趣，牠們背上長了兩排骨片，尾巴上的骨刺有毒。牠用四條腿走路，

看起來相當凶的劍龍，其實是一種素食恐龍，早期的蕨類可能是牠們最愛吃的東西。

38

綠色的家園

也能夠用後腿站立起來吃樹上的葉子。說起來也許你不會相信，劍龍的大腦只和一顆核桃差不多大。

三角龍

長著角的恐龍屬於角龍。三角龍是最有名的角龍，牠們的頭上長了三支尖銳的角，當遇到外來攻擊時，結伴的三角龍就會圍成圈圈保護圈內的小三角龍。

三角龍是體形最大的角龍，牠們成群地生活在一起，連暴龍都不輕易惹牠們。

翼龍

翼龍是最早可以飛行的脊椎動物，牠們一般生活在海邊的懸崖上。翼龍的視力極好，能捕捉海魚做食物。翼龍也有好幾種，有些有牙齒，也有沒長牙齒的。

趣味小知識

恐龍大滅絕

人們一直無法瞭解到恐龍為什麼會完全從地球上消失了，對此科學家作了各種猜測。有科學家認為，地球遭到其他星球的撞擊，大災難造成了恐龍的滅絕。

暴龍

暴龍是地球上出現過的最強大的食肉動物。牠們的前肢很小，後肢則極為強壯，可以支撐牠們龐大的身軀直立奔跑，還能用尾巴來保持平衡。牠們行動迅速，而且大腦非常發達，是當時地球上真正的王者。

兩棲與爬行動物

有許多動物不但能在水裡生活，也能在陸地上生活，我們把這種動物叫做兩棲動物。有些動物無四肢，而另外有些雖然有四肢，但卻是從身體旁邊長出來的，不能用於站立，只能靠爬行，這就是爬行動物。

樹蛙的後肢長，吸盤大，趾間有發達的蹼，非常適合樹棲生活。

青蛙

青蛙是人們最熟悉的兩棲動物，牠的體外布滿了黏液，以保持身體的水分。青蛙的幼蟲叫蝌蚪，牠們的外形長得一點也不像青蛙。在水中生活一段時間後，蝌蚪開始長出四條腿，尾巴消失，最後長成青蛙。

綠色的家園

樹蛙
樹蛙也是一種兩棲動物，牠的顏色非常鮮豔。樹蛙的一生基本上都是在樹上度過的，牠的腳趾上長著吸盤，可以牢牢地抓住枝條。

蠑螈
蠑螈是一種兩棲動物，牠長得很像蜥蜴，主要生活在水中或濕潤的草叢、泥土中。蠑螈的幼蟲很像蝌蚪，而且只能生活在水中。

蠑螈的皮膚光滑，有些身上有瘰疣，但脊稜都比較明顯

眼鏡蛇
眼鏡蛇靠爬行前進，牠口腔前端中空的毒牙帶有劇毒，能令人致命。牠經常豎起前半身，挺著扁平的脖子，吐著蛇信，非常危險。

壁虎
壁虎可能是與人類生活得最近的爬行動物了，牠們生活在世界各地的房屋縫隙裡，以蚊子、蒼蠅等為食，多是夜晚出來捕食。壁虎四隻腳上有吸盤，眼睛永遠都是睜開的，遇到危險時，牠的尾巴會斷掉，不過很快就會再長出新的尾巴來。

鱷魚
鱷魚看起來像巨大的蜥蜴，牠的體形

41

兒童百科一本通

巨大，眼睛長在頭上較高的位置，這樣牠就可以把身體藏在水中，只露出眼睛來靠近食物。鱷魚生性凶猛，捕食水中和陸上的多種動物作為食物。

鱷魚平時都生活在水中，只有晒太陽和產卵時才上岸。

海龜

海龜是在海洋中生活的爬行動物。牠長著兩對像槳一樣的鰭，雖然在陸上行走笨拙，但在水中卻非常靈巧。海龜大部分時間都在水下待著，只有呼吸的時候才浮出水面。雌海龜必須在沙灘上產卵。

趣味小知識

鱷魚為什麼會流眼淚？

經常聽到人們用「鱷魚淚」來形容惡毒又假惺惺的人。鱷魚經常會流淚，但牠不是因為傷心，而是體內多餘的鹽分要靠眼睛旁邊的眼腺排出，所以牠就要經常流眼淚。

稀奇古怪的魚

全世界有幾萬種魚，遍布江河、湖泊和海洋。各種魚彼此之間無論在外形、身

42

綠色的家園

體構造和生活習性上都有很大的差異。還有許多魚長得稀奇古怪，令人備感新奇。

蝴蝶魚

在熱帶珊瑚礁中，生活在世界上最美的魚——蝴蝶魚。牠身體長得扁扁的，嘴巴又小又短，渾身五顏六色，非常漂亮。

蝴蝶魚的顏色會隨著周圍環境而變化。

電鰻

你知道嗎？有一種魚叫電鰻，牠們生活在南美洲的許多河流中。牠的肌肉特別奇怪，居然能夠放電，這些電可以擊暈獵物，甚至還能擊倒一般成年人。電鰻有一條長鞭狀的尾巴，牠會使用這個武器攻擊敵人。

小丑魚

小丑魚沒有魚的氣味，所以海葵從來不螫它。

小丑魚真正的名字是三帶雙鋸魚，牠的顏色非常鮮豔，橘黃色的皮膚上有三條黑邊白斑，這種樣子有點像馬戲團裡的小丑，所以把牠叫小丑魚。小丑魚經常和海葵共同生活。

河豚

河豚的身體比一般的魚短，而且牠長

43

得比較圓。河豚全身長滿了硬刺。當牠遇到危險時，會大口吸進水使肚子脹起來，身上的刺也都跟著豎起來，像個刺球，這樣敵人就不敢攻擊牠了。

海馬

海馬是海洋中長得最不像魚的一種魚，也是唯一有脖子的魚。牠的身體細長，頭特別像馬，鰭很小，長在背部，長尾巴特別細而且靈活，可以捲住其他東西來固定住身體。

雄海馬的腹部有一個育兒袋，小海馬就是在這裡孵化的。

角箱魨

角箱魨的皮膚下有一個硬殼，這個硬殼就像盔甲一樣保護著牠的整個身體，只有嘴巴、眼睛、鰭等露在外面。牠游泳很慢，但是如果遇到敵人或取食時，尾部的肌肉可以不斷地收縮使牠快速前進。

趣味小知識

小心鯊魚

鯊魚是海洋中恐怖的殺手，牠長著鋒利的牙齒，可以很凶猛地攻擊各種動物。牠游泳速度極快，當你在海邊戲水的時候一定要注意岸邊關於鯊魚的警告。

綠色的家園

蓑鮋

蓑鮋生活在珊瑚礁叢中，牠的長鰭中隱藏著鋒利的刺，這是一種可怕的武器，裡面充滿致命的毒液，可隨時注入敵人的體內。牠那鮮豔的顏色也在警告其他動物不要靠近。

蝴蝶魚的尾巴非常完整，是個圓形，幾乎看不到分叉；牠的尾柄處還有一個迷惑敵人的「假眼」，而真眼卻是藏在頭部的條紋裡。

蓑鮋是海洋中毒性極強的生物之一。

哺乳動物

哺乳動物種類繁多，牠們有發達的大腦、恆定的體溫，而且是胎生、用乳汁餵養幼子。牠們對環境的適應能力也比其他動物強很多。

獴

獴的身體修長，體形優美，腿部短小，鼻子尖尖的，耳朵小小的，尾巴很長，而且毛茸茸的，可愛極了。大多生活在乾燥的大草原上，牠們非常勇敢，而且相當團結。

獴是集體生活在一起的,牠們共同抵抗敵人,一起照顧子女。

浣熊

浣熊長得很可愛,眼睛周圍是黑色的,好像戴著面具。牠的動作十分靈活,能夠用爪子抓住東西。浣熊十分淘氣,經常偷吃東西。

袋鼠

袋鼠的前腿短小,後腿卻相當強壯,彈跳力很好;尾巴又長又粗,也可以作為一條支撐「腿」。最好玩的是袋鼠肚皮上的育兒袋,是用來哺育小袋鼠的。

無尾熊

無尾熊也叫樹袋熊,是澳大利亞的特

浣熊喜歡把食物放在水中洗洗後再吃,所以人們叫牠浣熊。

產。牠長得很乖，胖乎乎的臉上有一只大鼻子。因為牠平時吃的尤加利葉營養不豐富，所以需要長時間的睡眠來減少體內消耗。

鴨嘴獸

鴨嘴獸是一種很原始的哺乳動物，牠們生活在澳大利亞，是游泳高手。鴨嘴獸有一張扁扁的嘴，四肢上長有蹼，而且會下蛋。

雄鴨嘴獸兩隻後腿上各有一根毒刺，捕食時就把毒液注射到獵物身上。

大象

大象是最大的陸地動物，牠們有兩個像扇子一樣的大耳朵和長長的鼻子，象牙也是大象的重要特徵。

大象的鼻子除了吸水、抓住東西外，還能與同伴交流感情呢。

大象就像一個高超的口技演員，感到滿意時，牠會發出咕嚕聲，憤怒時會發出呼嘯聲和喇叭聲。大象還能發出一些人耳聽不到的聲音與同伴交流。

海洋中的哺乳動物

在浩瀚的海洋中，生活著許多龐大的哺乳動物，像鯨、海象、海豹、海豚、海

牛、海獅、海獺等。這些海洋哺乳動物有很厚的脂肪來維持體溫，以胎生的方式繁殖後代，並用乳汁餵養幼子。

鯨

鯨有很多種。牠們都長得很像魚，但牠們不是魚，牠們沒有鰓，而是靠肺呼吸。牠們的食量巨大，一天能吃掉驚人的食物。鯨的壽命一般只有二十年至三十年。

海豚

海豚其實是鯨的一種，長得特別可愛。牠們非常聰明，能夠成為出色的演員，為人們表演許多遊戲，海洋館中經常有海豚表演。你知道嗎？海豚還會趕去拯救落海的人呢！

海豚的智力非常發達，而且學習能力也特別強。

海牛

海牛是生活在淺海中的海洋哺乳動物，牠們的身體又肥又圓。海牛被古代人稱為「美人魚」。牠和陸地上的牛一樣，只吃植物，海中各式各樣的水草是海牛的美食。

海牛媽媽常常把小海牛抱在一只鰭下，或者背在背上，直到小海牛長到兩歲。

綠色的家園

海豹

海豹長得胖乎乎的，牠們生活在寒冷的北極海中。雖然叫海豹，但牠們很溫和。成年海豹的身體是黑色的，而幼小的海豹卻長著潔白柔軟的毛，和周圍冰雪顏色很相似，這是一種有效的自我保護方式。

海豹是鰭腳目動物，在世界上僅有19種。

海象

海象是生活在北極地區的一種大型海獸，牠們也像大象一樣長著一對長長的大白牙。這兩顆長牙是牠們生存的工具，牠們可以用牙挖泥沙中的蛤蜊吃。

海獅

海獅和海豹長得很像，但海獅長著一對很小的外耳，而且海獅的後肢能支撐牠搖搖擺擺地走動。海獅大部分時間都留在海裡，只在陸地上休息和生育。

趣味小知識

鯨為什麼會噴水？

鯨的鼻孔跟人的不一樣，牠的鼻子長在頭頂上。牠一次能吸進特別多的空氣，當牠換氣往外噴氣時，就會把海水噴上天空，形成了很壯觀的水柱。

海獺

海獺幾乎一生都是在海裡度過的,牠們在岸上的行動特別慢。牠們經常睡在成堆的海草上,最可愛的是海獺會從海底撿來石塊砸碎貝類的外殼。

海獺常常躺在水面上,狼吞虎嚥飽餐一頓,然後好好地睡一覺。

背著房子到處走

有許多動物帶有一個堅硬的外殼,這是牠們的房子。牠們的身體沒有骨頭,特別柔軟,有了這個殼,碰到危險時,可以立刻躲進去,防止遭到襲擊,所以牠們便背著房子到處活動。

蝸牛

蝸牛多生活在比較濕潤的地方,牠們背著一個螺旋狀的外殼。爬行時,蝸牛的足緊緊地貼住別的物體,慢慢向前移動。為了更方便爬行,牠會分泌一種黏糊糊的液體,就在走過的地上留下了痕跡。

寶貝

人們常把自己喜歡的東西叫「寶貝」,寶貝其實是一種

在錢幣出現以前,寶貝還曾經作為貨幣流通呢!

綠色的家園

軟體動物。寶貝多生活在深海中，牠的貝殼特別光滑，還有各種美麗的顏色和花紋。寶貝的貝殼口很小，還帶有齒紋。

梯螺

梯螺是世界上形狀最奇特的貝類之一，牠的殼長得就像螺旋狀樓梯一樣。梯螺是一種十分珍貴的貝類，牠們的食物主要是各種微生物和藻類。

梯螺殼上面佈滿了縱肋。

水字貝

水字貝是一種長得比較奇怪、而且令人害怕的貝。牠有六枚針刺一樣的突起，非常鋒利，還有許多較短的刺，排列得像「水」字形，所以叫水字貝。

長相古怪的水字貝

趣味小知識

寄居蟹

海螺死後的空殼成為許多動物的家，寄居蟹就住在這些空殼中。寄居蟹自己沒有硬殼，只能靠海螺的空殼來保護自己。

鸚鵡螺

鸚鵡螺的殼很大，外表灰白色，還有很多橙紅色的條紋。螺殼內分成許多小「房間」，只有最裡面的一間才是牠居住的，其他的小「房間」只用來存空氣和調節室內的水分。鸚鵡螺是現存較古老的動物之一。

鸚鵡螺經常伏在幾百公尺深的海底，但在暴風雨過後的夜晚，牠們會成群結隊地漂浮在寧靜的海面上。

扇貝

扇貝的貝殼呈扇形，兩片結合處有兩個耳狀突出，表面有鱗片狀的放射肋，顏色鮮豔美麗。扇貝多生活在流速大、清澈見底的淺海中。

珍珠蚌

珍珠蚌能在江河、湖泊、溝渠和池塘中生活。牠的殼比較厚，殼的外表面有很明顯的生長線，而內表面有珍珠層。當受到異物刺激時，蚌就會分泌出珍珠質來包住異物，最後形成了珍珠。

海裡美麗的動物

在浩瀚的海洋中，生活著許多特別的動物，這些動物外表很像植物，如珊瑚、海葵、海百合等。

綠色的家園

海葵

海葵有很多種，長得像一簇一簇的水草。可別被牠們的外貌迷惑了，其實這些小花瓣似的東西全是海葵的觸鬚。海葵的觸鬚上有毒針，抓住其他小動物後，會把牠們麻痺，然後送進觸鬚包圍著的嘴裡。

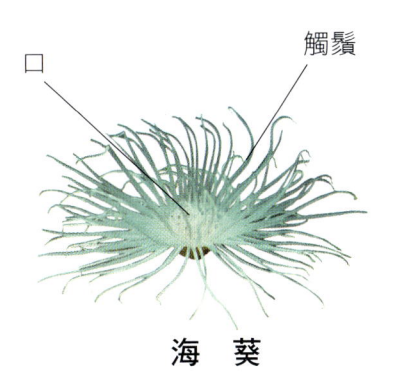

觸鬚

海 葵

海百合

海百合生活在深海的珊瑚礁中，樣子像一朵百合花。牠長著漂亮的「手腕」，有的像蕨葉，有的像羽毛。這些「手腕」可以捕捉到一些小生物作為食物。

海星

多數海星有五條「手腕」，也有的海星「手腕」更多，再加上鮮豔的顏色，真是漂亮極了。海星用牠的「手腕」緊緊地巴在岩石上，不管風吹浪打都不怕。

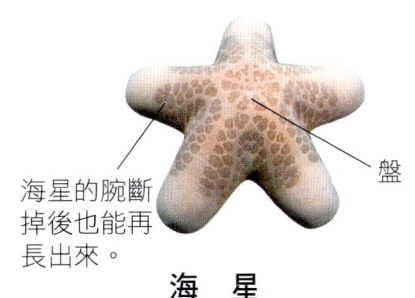

盤

海星的腕斷掉後也能再長出來。

海 星

水母

水母是一種半透明的動物，牠們常常漂浮在海面上，多數長有一把「傘」。水母有許多觸手，這些觸手中藏有毒液，碰

53

到敵人時就會刺向對方，放出毒液擊倒敵人。

珊瑚

珊瑚看上去就像一株植物，「枝條」上長著許多漂亮的小花。事實上，珊瑚是一種動物，是很多珊瑚蟲集合在一塊兒形成的。漂亮的珊瑚可用來作裝飾。珊瑚在海中聚集很多時間，還能成為一個島嶼。

水母是一種十分古老的生物。

海膽

海膽有很多種形狀，有球形的、半球形的，還有盤狀的。球形的海膽就像一個皮球，有些海膽的身上還長滿了刺。在海底，海膽就靠這些刺來輔助行走。

海參

海參就像海中的蟲子一樣，有各式各樣的顏色，有些海參的顏色還特別鮮豔。牠在海底行動緩慢，遇到敵人時就把內臟全都吐出來迷惑敵人，自己則伺機逃跑。

趣味小知識

海上風暴預報員

水母的「傘」中有許多聽石，這就像靈敏的耳朵似的，能提前十多個小時聽到風暴的聲音。聽到風暴的聲音後，水母就立刻沉入深海中避難去了。

綠色的家園

美麗的鳥

有鳥語花香的世界是美好的，鳥兒的歌聲給世界帶來了歡樂，鳥兒鮮豔的羽毛也給世界增添了光彩。全世界有差不多三萬種鳥，除了無翼鳥外，大部分鳥都能飛。

東非冕鶴

東非冕鶴長得非常漂亮，牠的臉頰上有鮮紅、雪白和純黑三種顏色，最美麗的還要數牠頭頂那一簇金黃色的羽毛了，活像一頂王冠。

東非冕鶴的氣管非常平滑，發出的聲音很難聽。

白鷺

白鷺全身披著雪白的外衣，長著一雙修長的細腿。白鷺在繁殖期，腦後會長出兩根小辮子似的羽毛，胸部和背部會出現絲狀的長羽毛，顯得更加漂亮。

在求偶季節，白鷺經常直立在高處向同伴展示自己的美麗。

蜂鳥

蜂鳥是世界上最小的鳥。牠們穿著豔麗的羽毛外衣，還長著一隻像吸管一樣又細又長的嘴巴，可以伸到花朵中吸食花蜜。蜂鳥的蛋只有像大豆一般大小。

巨嘴鳥

巨嘴鳥生活在熱帶叢林中，牠長著一張很特別的大嘴，顏色非常鮮豔。牠們吃東西的方法也很奇怪，把食物啄成塊後扔向天空，再張開大嘴接住食物津津有味地吃起來。

巨嘴鳥的嘴不僅大，而且顏色十分鮮豔。

軍艦鳥

軍艦鳥是一種熱帶海鳥，牠的喙又長又尖，脖子下有一個紅色喉囊，可以膨脹起很大的一個氣囊。牠極善於飛翔，可稱得上是動物世界中的「飛翔冠軍」。

雄軍艦鳥把喉囊膨大，是為了向雌鳥「求愛」，這是牠們炫耀自己形象的一種方式。

趣味小知識

不會飛的鳥

飛行是鳥兒覓食和逃生的基本本領，但也有許多鳥已經喪失了飛行的能力，像鴯鶓、鴕鳥、幾維鳥等。雖然不會飛，牠們也能生存得很好。

綠色的家園

雪鴞

雪鴞穿著像羽絨服一樣厚厚的羽毛。夏天的時候，白色羽毛上會出現褐斑；到冬天時，又會變回雪白。雪鴞多生活在北極附近，這裡有牠們愛吃的食物。

雪白的雪鴞在茫茫雪地中很難被敵人發現，可以很好地保護自己。

奇妙的昆蟲

昆蟲是地球上最奇妙的生命。從細小的蚊蚋到巨大的甲蟲，目前已知的昆蟲種類超過五百萬種，每種昆蟲都有自己的特別之處。昆蟲能夠在從北極到撒哈拉沙漠的各種生態環境下存活。

蝴蝶通常都有像小槌一樣的觸角，在休息時通常將翅直立著。

趣味小知識

完全變態發育

蝴蝶、蠶蛾的發育過程都屬於完全變態。牠們的幼蟲與成蟲一點也不像，幼蟲發育到一定階段後成繭或化蛹，成蟲破繭而出後就是蝴蝶或蠶蛾。

蜜蜂

蜜蜂是一種很勤勞的昆蟲，牠們一生都在忙著採蜜。每個蜜蜂王國中，都有一個蜂王，牠由其他蜜蜂養著，專門負責繁殖後代。工蜂是蜜蜂王國中主要的勞動力，雄蜂則整天無所事事，只負責與蜂王一同繁殖後代。

蜻蜓

蜻蜓的眼睛非常大，每只眼睛裡都有許多小眼，這種眼睛就是複眼。蜻蜓靠靈活的頭部和複眼可以靈敏地獵取食物。牠的兩對翅膀使牠可以長時間懸停在空中，科學家就根據這個原理製成了直升機。

螳螂

螳螂的身體很長，大多數都是綠色的。螳螂前足粗壯有力，而且上面還有一排鋸齒，這對前足是牠的捕獵工具。螳螂大量捕食田間的害蟲，是一種益蟲。

螞蟻

螞蟻都是群體生活的，隊伍出動浩浩蕩蕩，牠們在樹中或地下建築自己的巢。平時螞蟻們靠觸角相互交流，協同行動。螞蟻是一個大力士，牠可以背起比自己重好多倍的東西。

蟬

蟬就是平時所說的「知了」，牠的頭

綠色的家園

上有三隻單眼。雄知了有一個發音器，發音器中的肌肉很特別，牠抖動時就能發出持續不斷的聲音。

甲蟲

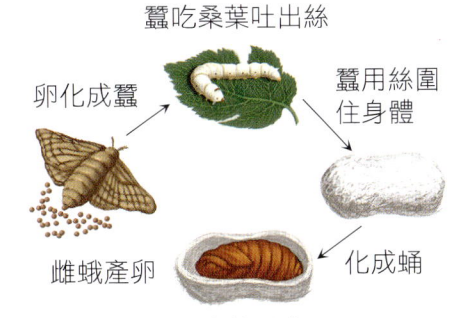

甲蟲有許多種，牠們有一個共同點，就是身上有堅硬的盔甲，翅膀就藏在甲殼下。不同的甲蟲，盔甲還不一樣，瓢蟲的盔甲色彩亮麗，而金龜子的盔甲是綠色的，天牛的盔甲是黑色的。

蠶吃桑葉吐出絲
卵化成蠶
蠶用絲圍住身體
化成蛹
雌蛾產卵
蠶發育成熟形成蠶蛹

自我保護

各種動物共同生活在地球家園中，弱肉強食，凶猛的大動物會吃掉許多弱小的動物，這些弱小的動物為了生存下來，就逐漸進化出了許多自我保護的方法。

噴墨的烏賊

烏賊通稱墨魚，牠的全身軟軟的，頭部有五對腕。烏賊的背部有一個很厚的內殼，這個殼是石灰質的，呈橢圓形。烏賊的墨囊很發達，遇到危險時，就噴出墨汁

59

，使周圍一片漆黑，干擾敵人的視線讓自己逃跑。

善變的變色龍

變色龍主要生活在非洲北部和西班牙等地。牠的身體上覆蓋著一層鱗片，皮膚下有一種細胞，可以讓膚色隨著外界環境的改變而轉變，這樣敵人就不容易發現牠了，所以人們叫牠變色龍。

變色龍長得很像蜥蜴，但變色龍的頭上彷彿戴了個頭盔，身上還有很多顆粒狀的鱗。

蠍子

蠍子前端的螯非常厲害，可以用來殺死並撕裂獵物。遇到反抗的獵物還可以用尾巴上的毒針殺死獵物。

蠍子的腹部特別長，看起來像尾巴，而且特別靈活，可翻到背後。牠的尾巴上的毒針帶有劇毒。食物短缺時，蠍子可以二、三年不吃不喝地休息，等水、食物充足時再恢復活動。

刺蝟

刺蝟的頭上、尾巴和肚子上都長滿了毛，但是身體背面和側面卻長滿了刺。受到驚嚇時，全身的刺都會豎得筆直，刺蝟還可以蜷成一團，變成一個刺球，這樣敵人就無法攻擊牠了。

渾身長滿毛刺的刺蝟

綠色的家園

枯葉蝶

　　枯葉蝶兩對翅膀的顏色和花紋，與乾枯的樹葉簡直一模一樣。當牠躲在一堆枯敗的葉子中時，敵人就很難分辨出牠來了。這在生物學上被稱為擬態。

枯葉蝶翅膀上有非常逼真的「葉脈」。

竹節蟲

　　竹節蟲身體細細長長的，牠可是偽裝的專家。牠長得很像小樹枝，而且身體的顏色、圖案和牠所處的環境也是很相似，讓敵人難以分辨。如果真的不幸被抓，竹節蟲還會斷足逃生。

放臭屁的臭鼬

　　臭鼬身上的毛黑白分明，牠長著一條毛茸茸的大尾巴。臭鼬身上的臭腺能放出惡臭，氣味極其難聞，這種氣體能趕走敵人。在緊急的情況下，牠還會把一種液體噴向敵人的眼睛，使敵人暫時失明。

趣味小知識

穿山甲用什麼來保護自己？

穿山甲穿著鱗片狀的盔甲，牠的頭部很小，而且膽子也非常小。見到敵人時，趕緊把身子蜷縮成一團，敵人見到這種渾身鱗甲的怪球也就放棄了；敵人走後牠才恢復原狀。

奇妙的行為

在億萬年的生物進化過程中，許多動物為了能更順利地在各自生存的環境中存活下來，形成了許多奇特的習慣，這些習慣使牠們能夠更完整地適應環境，保護自己。

孔雀開屏

孔雀是一種很漂亮的鳥，雄孔雀的羽毛亮麗耀眼，尾羽更是美麗無比。當到了繁殖季節，雄孔雀就開屏來求偶；遇到敵人襲擊或受到驚嚇時，牠也會開屏。

愛咬硬物的老鼠

一般動物的牙齒長成後，就停止生長了。但是，老鼠上下頜的門牙卻會不斷地生長。如果不阻止牠們的話，那老鼠的嘴就合不上了，所以，老鼠每天就靠咬硬東西來磨短長長的門牙。

狼

狼長得很像狗，但牠比狗凶猛多了。狼喜歡成群地生活在一起，這樣牠們就可以捕到許多大型動物作為食物，還能防止

狼群經常棲息在山地、平原和森林中。

綠色的家園

其他更凶狠的動物襲擊。

黑猩猩

黑猩猩在小的時候經常會玩一些有趣的遊戲，比如牠們常用手掌舀一些水，再嚼爛一團樹葉，用這些爛樹葉汲水。有了這種本領，乾旱時，黑猩猩就用這種方法從樹洞或其他洞穴中汲水喝。

兔子

兔子白天不斷地吃東西，到了晚上就排出軟糞。軟糞中的營養物質很容易被吸收，晚上兔子餓了就吃這種軟糞。家養的兔子往往不缺食物，所以也就沒有這種習慣。

愛吃石子的雞

雞沒有牙齒，吃進去的食物要靠其他東西的幫助才能磨碎。於是雞就愛吃一些小石子，這些小石子被存在雞肫中，食物

趣味小知識

森林裡的植樹工

秋天，森林中果實累累，松鼠們要採集很多果實藏起來，作為整個冬天的食物。但是有許多埋在土裡的果實，松鼠們根本吃不完，也就忘了。等到春天來了，這些種子就會發芽，長成了小樹。

進入雞肫後，在這裡和小石子擠呀、磨呀，就被磨碎了，然後再進入腸子裡進行消化。

倒掛著睡的蝙蝠

蝙蝠是唯一能飛行的哺乳動物，牠們不會站立也不會行走。牠們睡覺或冬眠的時候就在高處倒掛著，這樣可以防止敵人傷害，也能減少身體與冰冷的頂壁接觸。

蝙蝠睡覺時用爪子牢牢地抓住樹幹，這種方式是其他動物都做不到的。

遷徙

有許多動物，如鳥類、魚類等，每年到了一定的季節，就會離開牠們的住處，搬到很遠的地方去，等來年再搬回原來的地方。這種每年周而復始，有規律的行為，被稱為遷徙。鳥類的遷徙叫遷飛，魚類的遷徙叫洄游。

鰻鱺

鰻鱺是典型的洄游魚類。小鰻鱺出生在海裡，最初是小小的卵，卵孵化成小魚苗後，就開始游向陸地的淡水河，雌性的小鰻鱺要在淡水裡生長二到三年時間。長

綠色的家園

大後，就又游回大海，在大海裡產卵。產完卵後死去，而新的小鰻鱺又游回淡水中，如此循環往返。

綠頭鴨

綠頭鴨就是平時所說的野鴨，牠們的頭和脖子的羽毛是綠色的，成年雄鴨的嘴呈綠黃色，而成年雌鴨的嘴是橙色的。綠頭鴨平時在北方生活，秋天來了就會飛到水草豐美的南方去生活。

綠頭鴨遷徙的路途遙遠，有很多在途中就累死、病死，也有很多被人捕殺，到達目的地後，剩下來的已經很少了。

雁

雁是大家都很熟悉的鳥，雁有九種，包括白額雁、鴻雁、豆雁等。遷徙時，雁總是幾十隻、幾百隻在一起，通常由有經驗的「頭雁」領頭，在空中排成「一」字形或「人」字形，浩浩蕩蕩地南來北往。

趣味小知識

蝗蟲會遷徙嗎？

蝗蟲有很多種，顏色也各不一樣。當牠們原來所在的地方食物不夠時就會成群地遷徙，找到另一個食物充足的地方開始大吃。牠們所到之處，幾乎寸草不留。但是蝗蟲的這種遷徙不是真正的遷徙，因為牠們的遷徙非常沒有規律。

北極燕鷗

北極燕鷗是遷徙距離最遠的動物，牠們在北極附近繁殖，卻在南極的浮冰上越冬。更令人驚奇的是牠們要飛越那麼遠的距離，卻從來不會迷失方向，而且還能準確地判斷時間。

多數北極燕鷗的羽毛有黑白兩種顏色，喙和足的顏色為紅色。

美洲王蝶

美洲王蝶夏季生活在加拿大和美國北部，秋季會南下到墨西哥一個神祕山谷中過冬，這個山谷因此又叫蝴蝶谷。春天來了，牠們便又飛回美國和加拿大。這種小小的生命居然能每年往返五千多公里的距離，實在太令人吃驚了。

馴鹿

馴鹿是鹿的一種，牠們的角有樹枝狀的分杈。馴鹿多生活在比較寒冷的地區，由於食物缺乏，常常會成群地遷徙。在夏季和冬季生活的地區，牠們每年都要來回一次，而且路線幾乎不會改變。

馴鹿愛吃地衣、穀類和草，牠們還喜歡游泳呢。

綠色的家園

捕食技巧

動物們在捕捉食物時,都有自己特定的方式。有些動物依靠尖牙利爪,直接獵殺食物,而有許多動物卻有自己巧妙而有效的高招。不過要捕捉到食物,獵食者都必須有耐心、技巧、機敏和速度。

獵豹

獵豹的體毛有許多斑點,牠的腿很長,而且相當有力,奔跑速度非常快,牠可以在短時間達到很快的速度,但這種速度不能維持太久,所以獵豹必須一擊必殺,迅速撲倒獵物。

獵豹是世界上奔跑速度最快的動物。

趣味小知識

為何漁民要在鸕鶿的頸上套項圈?

鸕鶿特別善於捕魚,牠能捕捉到30公尺深處的魚,有些地方的漁民就養鸕鶿來幫忙捕魚。他們在鸕鶿的頸上套個項圈,這樣鸕鶿就無法吞食獵物,漁民只要把鸕鶿倒過來,魚就倒出來了。

貓頭鷹

貓頭鷹專門捕食田間的老鼠，牠的視力特別好。這使牠在天空飛翔的時候，可以準確地判斷獵物的位置，再用強健的爪和鋒利的嘴抓住獵物。

北極熊

北極熊生活在寒冷的北極地區，牠最喜歡吃海豹。牠的嗅覺特別敏銳，能夠聞到一公尺深的冰下的海豹。牠不會在水中獵取海豹，只能守在冰窟窿旁邊等海豹從海水裡伸出頭來呼吸時，用強有力的前掌把海豹打倒，飽餐一頓。

啄木鳥

啄木鳥被稱為「森林醫生」，牠專門吃樹洞裡的害蟲。啄木鳥的嘴像一個鑿子，而且舌頭特別長，還長著倒刺，可以輕而易舉地把洞中的害蟲鉤出來吃掉。

啄木鳥用嘴巴在樹幹上「篤篤」地敲，憑著敲擊樹幹發出的聲音，就能知道害蟲的藏身處了。

鵜鶘

鵜鶘生活在海、河、湖邊，牠們主要捕魚為食。鵜鶘的嘴巴很長，而且嘴下面

鵜鶘一般過集體生活，一起飛翔時，各個鳥的動作非常整齊。

還有一個巨大的、收縮自如的喉囊。當牠們下水捕食時，張開嘴後，喉囊也隨著張開形成一個兜，就可以像漁網一樣把魚兜住。

火烈鳥

火烈鳥長得很高雅，牠站立時細長的脖子彎曲成「S」形。牠們捕食食物可厲害了，用嘴和舌頭間的空隙汲水收集食物，然後把頭倒過來，濾出水和泥沙，最後才咽下食物。

天生的建築家

動物和人一樣，也需要有自己的家。許多動物都是天生的建築師，牠們會利用周圍環境裡的一草一木，把自己的家建造得舒舒服服。

織布鳥

織布鳥的築巢技術很高明，牠用細長的草莖、樹枝來建造房子。織布鳥可以巧妙地編織出漂亮的巢來，並把入口留在巢的下面，這樣外面下再大的雨也不會淋濕織布鳥的巢。

犀鳥

　　犀鳥有好幾種，牠們的嘴都比較大，而且嘴巴很厚。牠們蓋房子的方式很特別，雌鳥要產卵時，先找一個樹洞鑽進去，雄鳥就在外面用濕土、樹枝把洞封閉，只留下一條縫用來傳遞食物，等小鳥孵出來可以飛的時候，才啄破洞口，讓母鳥和小鳥出來。

雄犀鳥的喙形狀恰好適於把食物遞進樹洞。

翠鳥

　　翠鳥把自己的家安置在陡峭的河岸上，建房子時，翠鳥用鋒利的嘴在峭壁上啄洞，這個洞可以深達2.5公尺。小翠鳥就在這個洞裡被孵化出來，翠鳥捕食後就回來餵幼鳥，飛進飛出，非常靈巧。

燕子

　　燕子專吃害蟲，是人類的好朋友，牠們在人家的屋簷下或峭壁上建房子。牠們

趣味小知識

懶惰的猞猁

猞猁長得很像貓，但比貓大多了，而且尾巴很短。猞猁多生活在偏僻的山地草原，牠們利用其他動物不要的巢作為自己的家，實在沒辦法了才在岩石的縫隙中簡單地搭個窩。

銜來許多泥土和草莖，用唾液把這些東西建成小巢，最後在巢裡鋪上軟草、羽毛、布等，這樣就很舒服了。

河狸

河狸擅長游泳，牠們把家安置在河岸邊。牠們會根據河水的漲落改造房子，讓家更加舒適。牠們還會成群合作，用樹木、樹枝建造「大壩」，這樣使家的附近風平浪靜，自己也就可以享受幸福的生活。

白蟻宮殿

白蟻是昆蟲世界中最有名的建築師，牠們建造的巢穴直徑可達幾十公尺，周圍還聚集著許多小蟻穴，猶如城市的建造。巢穴內部設計精巧複雜，最底層的圓形拱頂宮室裡住著蟻后，周圍是保衛蟻后的工蟻的房間。

非洲大白蟻的巢有 6 公尺高。

保護動物

動物是人類的朋友，有了牠們才能保證我們美麗的地球生態系統的完整，我們要努力用各種辦法來保護動物。特別是有一些動物正面臨滅絕的處境，我們更要愛護、關心和保護牠們，讓牠們能夠生存、

繁衍下去。

可怕的時尚
有許多追求時尚的人，為了追求自己的個人美，喜歡用一些珍稀動物的皮毛作為衣服、皮包等的原料，這種時尚導致一些人大量捕殺各種動物，比如水獺、貂等。我們一定要抵制這種殘忍的做法。

食肉
肉類是人類生存不可缺少的營養來源，但有的人卻過度熱衷於食用野生動物，像娃娃魚、穿山甲、果子狸、蛇等。許多野生動物成為餐桌上的食物，導致野生動物數量和種類的急遽下降，還可能造成某些病毒在野生動物和人之間相互感染，危害無窮。

藥材
有些動物身體的某些部分是很好的藥材，如鹿茸、熊膽、犀牛角、虎骨等，這使得很多不法分子不顧法律的禁止，肆意捕殺這些動物，從而導致許多動物瀕臨滅絕。

鹿茸是一種藥材。

海洋污染
隨著科學技術的發展，海洋的污染越

來越嚴重，甚至形成了赤潮等危害，致使海洋生物大量死亡。另外，經常發生的輪船漏油事故，也對海洋生態系統造成了持久的惡劣影響。

森林減少

由於對森林的濫砍濫伐，加上頻繁的森林火災，現在森林面積正急遽減少，以前居住在森林中的動物沒有了住所，這也是許多物種滅絕的原因。

愛鳥節與愛鳥週

鳥兒是人類的朋友，為了提高人們對鳥的認識，許多國家、地區根據本地實際情況規定了愛鳥週、愛鳥月或愛鳥節，向人們普及鳥類的知識，讓鳥兒與我們在同一片藍天下、同一個家園裡和諧地生活。

趣味小知識

動物自殺之謎

動物也有集體自殺的可怕現象。世界上曾多次發生鯨群集體上岸自殺、烏賊沖上岸自殺和北極旅鼠集體跳海自殺的事情。牠們集體自殺的原因至今仍是個謎，但許多學者認為這與牠們的生活環境改變有關。

因為得到了很好的庇護,鳥兒們在樹林中愉快地生活著。

動物保護區

建立動物保護區是保護動物的有效方法。在保護區內,動物的生活環境不會被人類的活動破壞,而且牠們的食物來源也有了充分的保障。現在,越來越多的國家正在採用這種方法保護動物。

綠色的家園

第四節 人類

人類的起源

幾千萬年前，為了適應森林環境的改變，一部分靈長類動物逐漸到地面活動、覓食，他們開始學會直立行走，解放出來的前肢變成了雙手。這雙手學會了製作工具，而這雙手的主人腦容量也在不斷增大，開始思考和透過語言交流，地球上的人類從此產生。

南方古猿

南方古猿是由古猿發展而來的遠古人類，他們比現代人矮，能直立行走和使用天然工具。他們與古猿的最顯著差別是腦容量的增多。

古人製造工具的方法

遠古時候，人類剛學會製造工具，他們製造工具的方法很多，如錐擊法、砸擊法、磨製法等，這些方法都很原始，製作一件工具需要耗費大量的時間。

這是一位藝術家根據考古學家研究的南方古猿化石——露西做的復原圖，高約 1 公尺。

能人

南方古猿繼續發展成能人，相較之下，能人的腦容量比南方古猿的又增加了不少，他們已經可以用石頭打製一些工具，雖然粗糙簡陋，但這些工具讓能人可以更容易得到食物。

發現能人化石的東非坦尚尼亞奧都威峽谷。

使用和製造工具

在學會製造工具以前，人類的祖先只能用隨處可見的石塊、樹枝作為工具。隨著取食範圍的擴大，人們開始用石頭打製工具。當時的工具很原始，但有意識、有目的地製作工具的行為已經把遠古人類與普通古猿區別開來。

狩獵是原始人類維持生存的一項很重要的活動。

直立人

工具製作技能的熟練，促使能人朝下一個階段發展，成為直立人。直立人直立行走的姿態已經很完善，他們的腦容量也大大增加，已經能製造不同用途的工具，進行狩獵等活動，還學會了用火，並透過語言交流。

綠色的家園

學會用火

直立人掌握了人工取火的方法，人類從此告別了生吃東西的時代，學會了用火煮熟食物、用火取暖、用火趕走野獸。火的使用使人類適應自然、戰勝自然的能力大大增強，在人類歷史上具有里程碑的意義。

人體的構成

每個人的長相都不一樣，但是人體的基本構造卻是相同的。骨骼支撐起人的整個軀體；肌肉和皮膚保護著人的體內組織和器官；大腦指揮著人全身的行動；遍布全身的血管裡流動的血液，把營養供應給各個器官。

五官

眼睛、鼻子、嘴、耳朵、舌頭共同組成了人的五官。五官讓人們看到了世界的色彩、聞到了各種氣味、吃到了許多好吃的東西、聽到了喧鬧的聲音、嘗到了各種味道。缺少一樣，生活都會失去了不少的樂趣。

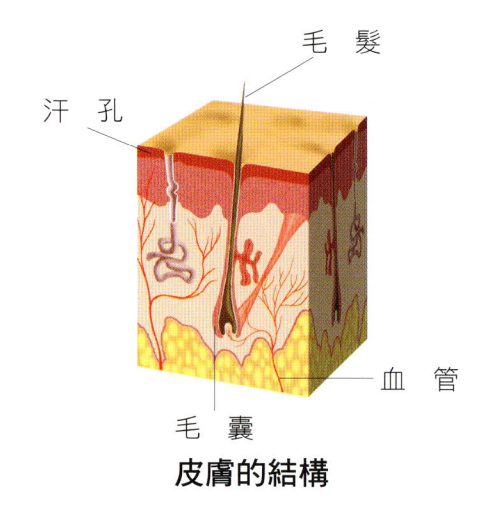

皮膚

人體表面的皮膚保護著身體的內部，皮膚可以調節體內水分的排泄，還能保持體溫的恆定。皮膚是人體的感覺器官，可以感受到體外環境的變化，如冷、熱等，再把這些感覺傳遞給大腦。

皮膚的結構

毛髮　汗孔　血管　毛囊

大腦

大腦是控制人們所有行為的主要器官，人的思維、語言、感情、行動等各種複雜的活動都要接受大腦的指揮。正確用腦，會使腦越用越靈活，所以兒童要養成勤用、善用腦的好習慣。

骨骼

人體的骨骼系統由 206 塊骨頭結合而成，構成完整的骨架。這個骨架支撐著人體、保護著人體內的器官，保證人體活動的順利進行。兒童的骨骼正處於發育時期，一定要端正坐、立、走的姿勢，防止骨骼變形。

肌肉

人全身的肌肉一共有 639 塊。每一塊肌肉都有各自的大小、形狀、功能。肌肉

綠色的家園

纖維的收縮可以讓人產生巨大的力量。但是要使肌肉非常有力量，必須經常鍛鍊。

血液

血液在人體內不停地流動，血液的流動有一定的管道——血管。血液給身體內的各個器官輸送氧氣和養分，帶走二氧化碳和代謝廢物，因此血液系統又被稱作循環系統。

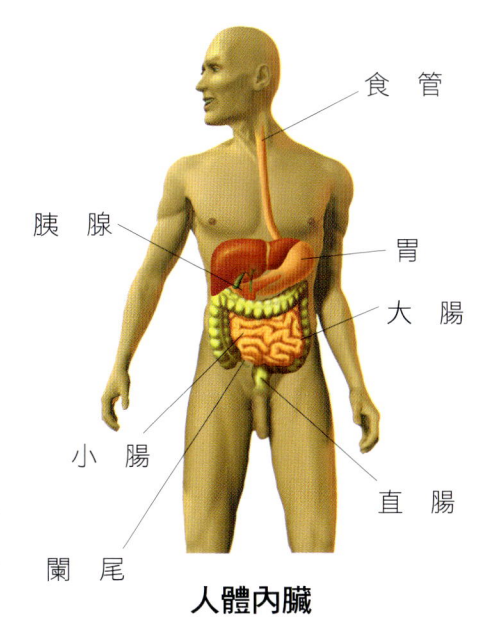

內臟

人的胸腔和腹腔保護著人體的內臟，這裡有心、肺、胃、脾、腎、腸等。這些內臟互相協調作用，完成人體的循環、消化、吸收、排泄等功能。

人體內臟（食管、胰腺、胃、大腸、小腸、直腸、闌尾）

趣味小知識

多看綠色

綠色能減少強光對眼睛的影響。學習、工作一段時間後，看看窗外的綠色，可以消除眼睛的疲勞，對眼睛有很好的保護作用。

人種和民族

世界上五十多億人所屬的人種並不相同。根據皮膚、頭髮、五官的特徵和血型特徵可以把人類分為黃色人種、白色人種、黑色人種和棕色人種等。而同一人種由於生活地域和文化的差別，又可以分為不同的民族。

黃色人種

黃色人種主要分布在亞洲、北美洲和南美洲。黃色人種的皮膚是黃色或黃白色、黃褐色，頭髮多為黑色直髮，眼睛的顏色呈棕色至黑色，鼻梁的高度和寬度都屬中等。

白色人種

白色人種主要分布在歐洲、亞洲和北

趣味小知識

為什麼東、西方人的皮膚顏色不一樣

陽光中的紫外線對人的皮膚顏色發揮了決定性的作用。黑色人種多居住在低緯度地區，紫外線強，體內黑色素就多，而白色人種則正好相反，體內黑色素就少。而黃色人種和棕色人種居住在中緯度地區，膚色也就居中了。

綠色的家園

非。他們的皮膚顏色很淺很淡，頭髮是金黃色至棕黑色的鬈髮，也有直髮的，鼻梁高挺，眼窩深而且呈灰色或藍色。

黑色人種

黑色人種主要分布在非洲、大洋洲和美洲。他們的皮膚黝黑，深黑色鬈髮，嘴唇很厚，鼻子寬而扁，眼睛是深黑色的，而且普遍較大。

棕色人種

棕色人種主要分布在澳大利亞、紐西蘭、新幾內亞等國家。他們的皮膚顏色不如黑色人種的黑，但又比黃色人種的黑，頭髮也是黑色鬈髮，眼睛呈黑色。

各有特色的民族

長期生活在同一地域，使用共同的語言，有共同的生活習慣、文化以及共同的心理素質的人們，就組成了一個民族。世界上有很多不同的民族，中國就有五十六個民族，各民族的生活習慣也彼此不同。

中華民族

中國是一個多民族的大家庭，有五十六個民族，大家和睦相處，共同創造了中國燦爛的文化。中國還建立

中國有五十六個民族，各個民族的生活習慣、衣著打扮都有很大的區別。

了少數民族自治區、自治州，讓少數民族自己對自己做主，保障少數民族的權利。

汙染與破壞

隨著世界人口的增加、世界經濟的高速發展，人類所需要的資源也越來越多，向自然的索取也不斷增加。森林被破壞、土壤荒漠化、大氣被汙染、水源也受到嚴重汙染，這些行為，最終都會讓人類受到懲罰。

用不恰當的方法燃燒廢物形成的滾滾濃煙給大氣帶來了嚴重的汙染，加重了自然界自淨的負擔。

汙染無國界

地球上的大氣、水等，時時刻刻都在循環、交換，所以汙染是沒有國界限制的。排入大氣的汙染物，會隨著降雨落入土壤中，而水汙染更是如此，進入河流的汙染物會再進入大海，散布到全球每一個角落。

能源危機

我們日常生活中使用的煤、天然氣、石油等能源都是有限的，用掉一點就少一點。當能源短缺時，就會出現能源危機。

82

綠色的家園

所以開發和尋找新能源、合理利用現有能源非常重要。

溫室效應

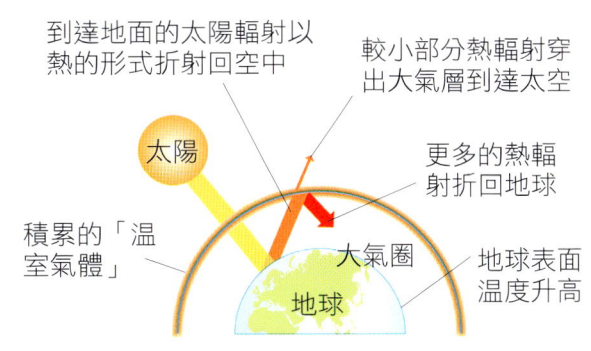

燃燒能源放出的二氧化碳能使太陽光順利到達地球，又能吸收從地面往天空散發的熱量，導致了全球氣溫升高。如果氣溫繼續升高，將造成冰雪消融、海平面上升、淹沒沿海城市的可怕後果。

圍湖造田

為了增加耕地的面積，在一些地區，人們隨意在湖濱開荒種地、圍湖造田。湖區減少，大大降低了湖區雨季的蓄洪能力、旱季的保水抗旱能力，洪水和乾旱因此經常發生。

趣味小知識

植物監測員

有許多植物在遇到有毒的氣體、水後，會出現一些不正常的表現。因此，可以選擇一些對某些環境汙染反應靈敏的植物，作為這種汙染物的監測員。

草原沙漠化

草原是地球上重要的綠色外衣，但是過度放牧會使草原上的草被過度消耗。草原上的草大量減少，不但牛、羊沒草吃了，還會造成水土流失，草原逐漸退化成了沙漠。

水土流失

森林和草原被破壞後，大地無法蓄積降水，地面的表層土壤就會大量流失，土地變得乾旱、貧瘠。而進入河流的泥沙又會堵塞河道，抬高河床，引起洪水。

拯救地球

環境汙染已經嚴重傷害了地球，地球是人類的家園，為了人類的將來，我們要建立並實施各種措施來保護地球的環境，歸還地球本來的綠色。

珍惜自然資源

土地、水、空氣、森林、礦物等都是寶貴的自然資源，也是人類生存的根本，當它們受到破壞或被過度使用時，都會給人類的生活、生存帶來影響。珍惜自然資源是對地球最好的保護。

綠色的家園

大氣汙染處理

工業生產過程中，也把大量的煙塵和有害物質排放到大氣中，處理大氣汙染已成為一項緊迫的任務。使用清潔能源、消除工廠煙塵、工廠廢氣處理已成為處理大氣汙染的首要任務。

工廠中的廢氣一定要經過過濾、處理之後，才能排向大氣。

廢水處理

生產、生活每天都製造出大量的廢水，有些廢水中還可能含有大量的有毒物質。在這些廢水重新流入河流、匯入大海之前進行處理，才能保證生命之源不被汙染。

對廢水進行處理，已成為當今世界的一大課題。

控制「白色汙染」

塑膠包裝袋多為白色，它們成為垃圾進入土壤後，不易被分解，會對環境造成汙染，這種汙染我們稱為「白色汙染」。為了減少「白色汙染」，我們要對塑膠製品進行回收利用。盡量使用紙製品，減少使用一次性的塑膠包裝袋。

退耕還林

為了獲得更多的糧食，人們曾經把大量的森林、草原開墾成耕地，造成生態失

85

衡。當意識到這樣做的危害時，人們就退還這些土地來植樹種草，恢復生態平衡。

禁止使用DDT

　　DDT是一種有毒的農藥，它無色、無味，在自然環境中能存留多年。這種農藥很容易在動物記憶體留存，造成環境、食品的汙染，對人類的健康造成很大威脅。現在，全世界都禁止使用DDT。

世界環境日

　　1972年，聯合國第27屆大會規定每年的6月5日為「世界環境日」，全球人民都要關注環境問題。各國政府在這一天開展活動，向人們宣傳全世界的環境狀態和人類活動對環境所造成的傷害。

我們可以做什麼？

　　保護環境，人人有責，身邊有許多事只要我們做了，就是為保護環境貢獻了力量，如：節約用水、用紙，不使用保麗龍飯盒、塑膠袋、飲料杯，把廢電池收集好，不隨處亂扔，對垃圾進行分類等。這些小事對保護環境作用很大。

身邊的科學

第二章　身邊的科學

第一節　科學的基礎

力與運動

我們周圍的東西每天都有運動行為，汽車在奔馳、樹葉在飄落、河水在流動……這些運動都是在看不見的力作用下發生。

牛頓研究了蘋果落地的原因後，創立了萬有引力理論。

力

當你推拉物體時，它就可以運動起來，這是因為你對它「用力」。力可以使物體運動得更快或更慢，還可以改變它們的運動方向。

地心引力

人為什麼不能跳到天上去？拋向空中的球為什麼還會落回地面？原來，這一切都是地心引力在發生作用。地心引力像一隻手，牢牢地抓住了地面上所有的東西。

羽毛球

當羽毛球向你飛過來時，你用球拍一扣，球就會向對方飛去，因為你扣球的力改變了球運動的方向。如果你不扣球，球

就會在地心引力的作用下落到地面上。

空氣的阻力

颳大風時，逆著風走，你會覺得很困難，特別費力。這是因為大風加大了空氣的阻力。

颱風的威力很大，可以摧毀很多建築，甚至把樹連根拔起來。

救生圈

學游泳時，我們要用救生圈來幫忙。救生圈裡充滿了空氣，可以增加浮力，使我們不會沉下去。水的浮力可以使鐵做的輪船浮在水面上。

不同的鞋底

登山時要穿鞋底有很多凹槽的登山鞋，滑冰時要穿鞋底有鋒利的冰刀溜冰鞋。不同的鞋底有不同的用途，登山鞋可以增加摩擦力，溜冰鞋可以減少摩擦力。

趣味小知識

碰碰車

開著你的碰碰車去撞別人的車，看看會怎樣？別人的車在後退，你的車也在後退。這是因為當你的車對別人的車施加力時，別人的車也會對你的車產生力，這就是作用力與反作用力。

身邊的科學

聲與光

小鳥在歌唱，機器在轟鳴，雨水沙沙地打在樹葉上……每天我們都能聽到各種聲音。天亮了，陽光照亮了世界；天黑了，打開燈，家裡又是亮亮的。有了光，我們就能看到周圍的一切。

聲音的產生

把橡皮筋繃緊，用手指彈一下，橡皮筋會振動，發出嗡嗡的聲音。所有的聲音都和橡皮筋的聲音一樣，是由物體振動產生的。

雜訊

有些聲音讓人討厭，例如用電鑽鑽東西的聲音，這就是雜訊。雜訊會影響人的健康，所以，盡可能遠離雜訊，或者戴上耳罩減少雜訊對人的影響。

趣味小知識

高音和低音

振動越快，聲音越高；振動越慢，聲音越低。找一隻空瓶子，往裡吹氣，你會聽到聲音；加上水後再吹，哪一次的聲音高？是什麼在振動？

聽不到的聲音

超音波是一種人耳聽不到的聲音，有些動物卻能聽到這些聲音。超音波可以幫人做很多事情，例如可以幫助醫生檢查病人的身體。

海豚相互之間透過超音波來聯繫。

光線

如果沒有光，我們就看不到周圍的東西。光是由發光的物體產生的，這些物體叫光源。太陽是我們最重要的光源。光線可以在空氣中傳播，能穿過像玻璃一樣的透明物體。

反光

反光就是光的反射。一般來說，光照在所有物體上都會發生反光，使我們能夠看見物體。不能反光的物體就隱形了。鏡子幾乎能反射照到它上面的所有光，所以你能在鏡子裡看到自己。

雨後的彩虹

雨過天晴，有時天空中會出現彩虹，這是陽光照在空氣中的小水珠上發生折射和反射形成的。

彩虹持續時間的長短與天氣狀況有關。

影子

走在陽光下，你會發現自己的腳下有影子，這

身邊的科學

是因為光線不能穿過你的身體。光如果照在玻璃上，是不會留下影子的。

電與熱

電燈、電視機、電冰箱，這些與我們生活息息相關的東西，都離不開電，電給我們的生活帶來了極大的方便。夏天熱、冬天冷，冷與熱的變化是生活中常見的現象。

電是什麼？

電是帶電核子流動產生的能量，我們使用的電轉化成了各種能量。電在電燈裡轉化成了光，在電視機裡轉化成了各種有趣的畫面……現在的生活已經離不開電了。

現在人們利用各種顏色的燈光來把夜晚妝點得更漂亮。

靜電

不是所有的電都是在電路裡流動的。拿一個氣球在你的頭髮上摩擦，氣球會貼在你的頭髮上，這是因為摩擦已經產生了靜電。

接通電路

自來水在水管裡流動，電在電線裡流

動。只要把電線接通,電就會使機器開始運轉。像電線這樣能夠運輸電的東西叫導體。

溫度

我們周圍的冷熱變化可以用溫度來表示。很多東西在溫度發生變化的情況下,都會有奇妙的變化。生的蔬菜加熱後會變熟,雪糕加熱後會怎樣?

熱的傳遞

熱像電一樣,是可以透過東西傳遞的。像鐵鍋這樣傳遞熱量比較快的東西,我們用它來加熱食物。布料傳熱比較慢,所以我們用它來保持身體的溫度。

體溫

人體的溫度叫體溫,體溫計可以幫我們知道身體的溫度。在正常情況下,人的體溫是 36.5℃ 左右。

如果體溫過高或過低,就要去醫院檢查身體。

趣味小知識

閃電

炎熱的夏天有時會電閃雷鳴,帶來一陣涼爽的雨。閃電和電線裡的電是一樣的。科學家富蘭克林在下雨天用可以導電的風箏證明了這一點。當然這是很危險的。

身邊的科學

不同溫度的水

冰箱冷凍室裡的水會變成冰塊，水壺裡的水加熱後會冒出水蒸氣。如果繼續加熱，水壺的蓋子就會被水蒸氣頂開。科學家利用水的這種性質，發明了用途很廣的蒸汽機。

物質是什麼？

我們的周圍是一個物質的世界，大氣、岩石、水、生物，包括茫茫宇宙中的星星，所有的一切都是物質。地球上的物質主要以固體、液體和氣體三種形式存在。

氣體

氣體是一種沒有固定形狀、固定體積，容易流動，能自發充滿任何容器的物質。我們周圍的空氣、天然氣、人們呼吸時呼出的二氧化碳、汽車排放的廢氣都是氣體。

液體

液體是一種沒有固定形狀、有一定體積、也容易流動的物質。液體的形狀隨著容器的改變而改變，常溫下的油、水、酒、飲料等都是液體。

常溫下絕大部分金屬都是固體，水銀是唯一的一種液體金屬。

固體

固體有固定的形狀和體積，也有一定的硬度和重量。常溫下，固體是不能流動的，也不會隨便改變形狀，要讓固體變形，必須對它施加很大的外力。

不相溶的液體

當你把酒和水混合在一起時，它們能完全地溶在一起；但如果把油和水混合在一起的時候，無論怎樣攪拌混合，它們也不可能完全溶在一起，油和水分為上下兩層，有一個明顯的分界線。

不能相溶的液體裝在一個容器中，總是密度大的在下面。

固體、液體和氣體的轉化

一般的固體、液體和氣體都可以相互轉化。固體被不斷加熱可以變為液體，叫

趣味小知識

液體岩石

火山爆發時，地心的高溫熔岩從火山口噴射出來，這種紅色的液體就是液體岩石。它在從火山上流下來的過程中逐漸冷卻，變成了堅硬的岩石。

94

身邊的科學

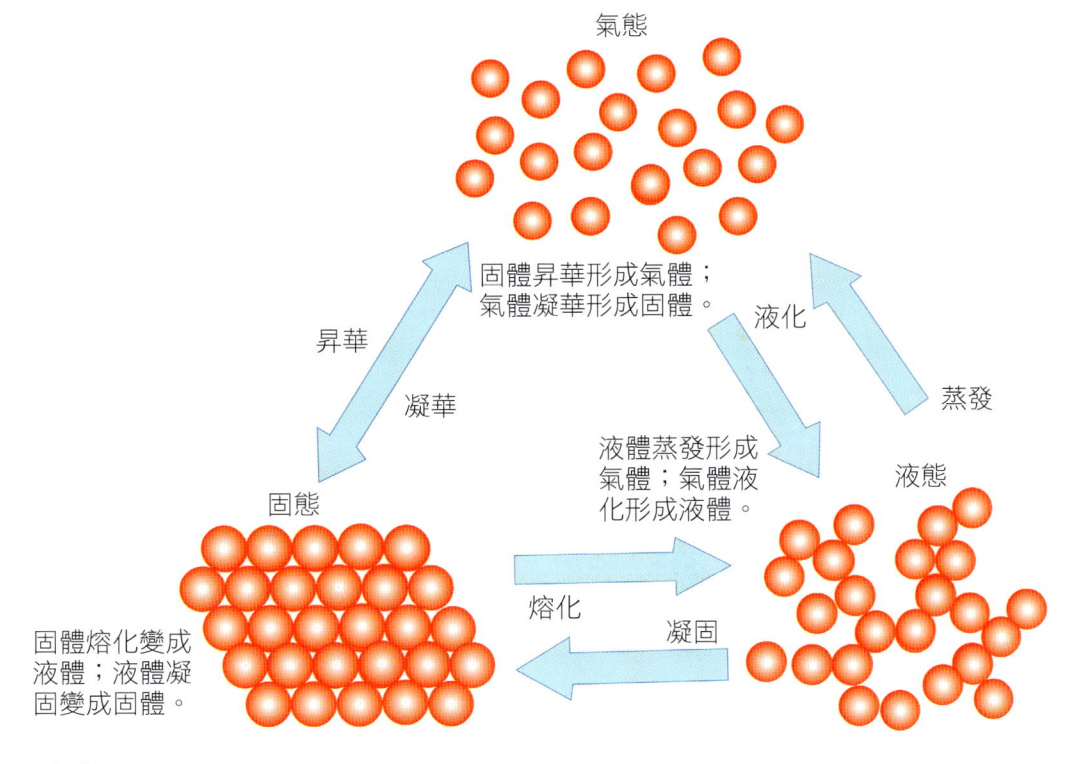

熔化；液體被加熱可以變為氣體，叫蒸發；氣體和液體的溫度降低可以變成液體和固體，分別叫做液化和凝固。固體直接變為氣體叫昇華，氣體直接變為固體叫做凝華。

氣態

固體昇華形成氣體；
氣體凝華形成固體。

昇華　　　　　　　　　　液化

凝華　　　　　　　　　　蒸發

液體蒸發形成氣體；氣體液化形成液體。

固態　　　　　　　　　　　液態

熔化　　凝固

固體熔化變成液體；液體凝固變成固體。

溶解

有些固體如鹽、糖等，可以均勻地分布在水中，使整杯水都變鹹或變甜，這就叫做溶解。這種含有兩種以上物質的液體，也叫溶液。

不同的材料

我們使用的各種物品，如房子、汽車、衣服等，都是用不同的材料做成的。傳統材料有很多種，如金屬、玻璃、塑膠、布料等，不同的材料有不同的用途。現在，人們又在研究各種新型材料。

你能分辨出這些物品都是用什麼材料做成的嗎？

結實的木頭

生活中使用的傢俱基本上都是用木頭做成的。木頭加工容易，而且做成的物品結實、耐用。用木頭做的傢俱可以長久地放心使用。

不易破碎的塑膠

塑膠是一種重量輕、常溫下還不容易變形的材料。塑膠可以經常清洗，而且耐磨損，使用得非常廣泛，生活中用的盆、筆、玩具等都可以用塑膠做成。但有些生活中所使用的塑膠，一遇到高溫，就會變形。

身邊的科學

溫暖柔軟的布

我們穿的衣服、睡覺用的床墊和床單等都是用各種布料做成的，保暖而且柔軟舒服。布有各式各樣的材料，棉布涼爽吸汗，絲綢非常輕軟，毛料厚而且保暖擋風。

做床單的布料一定要柔軟，這樣睡在上面才舒適。

各式各樣的玻璃

玻璃是我們生活中不可缺少的材料，很多容器，如杯子、碗、壺等都可以用玻璃做成。玻璃窗能擋風，又能很好地採光。玻璃有很多種，有些玻璃易碎，但是汽車的擋風玻璃強度較高。

耐磨的皮革

我們穿的皮鞋、用的皮包大部分是用皮革做成的。皮革耐磨、擋風、防水，非常適合用來做鞋和皮包等物品。

富有彈性的橡膠

橡膠製品被廣泛應用在生活和工作各個方面。汽車裝上橡膠輪胎後，不僅可以承受更重的貨物，還降低了震動，讓坐在車上的人更舒服。橡膠的彈性非常好，我們使用的橡皮筋也是橡膠做的。

97

堅固的混凝土

　　城市中一座座高樓都是用鋼筋和混凝土建造的。混凝土用水泥、沙、石子和水按比例混合而成，稀稀的混凝土變乾後非常堅固，大卡車都能在混凝土路面上奔馳。

建造房屋和橋梁的混凝土一定要達到較高的標準，才能保證建築物的安全。

認識天氣

　　天氣對我們生活的影響無所不在，如影響著我們的居住地、衣著等。暴雨會氾濫成災，乾旱和炎熱會毀掉作物，甚至危及人的生命。天氣預報很重要，但要準確地預報天氣並不容易。

天氣預報

　　天氣預報就是對某個地區未來天氣變化的報告。天氣隨著外界大氣的不斷運動而不斷變化，所以很難準確預測。做好天氣預報必須先做天氣觀察，從氣象衛星中獲得大量資料，最後進行研究、比較並繪製天氣圖。

風

　　我們周圍的空氣在不斷運動著，這是

身邊的科學

因為地球每一個角落的溫度都不完全相同。空氣的運動帶來了風。

雲

熱空氣在上升的過程中變冷，攜帶的水蒸氣圍繞空氣中的塵埃形成小水珠。許許多多的小水珠聚集在一塊就形成了雲。

雨、雹和雪

雨、雹和雪都是從天而降的水，稱為降水。當雲中的水珠凝結到足夠大、無法懸浮在空中時，它們就會落下來，形成了雨、雹和雪。

霧和霜

晴天的夜晚，地面的熱量往上空散發，地面氣溫下降，潮濕空氣中的水分就在地面聚集，形成霧；當地面溫度更低時，就會出現霜。太陽出來後，霧和霜也就消失了。

晚春和夏季下午的雷陣雨中，偶爾會伴隨出現冰雹。冰雹有大有小，對農作物的危害非常大。

兒童百科一本通

第二節 利用自然界

風力

空氣的流動產生了風，而且風往往朝一個方向吹。風是一種很方便的動力，人們可以利用風來做很多事情，例如用風來推動帆船航行，轉動風車來碾穀、抽水，今天我們還學會了利用風來發電。

中國明朝時，沿海很多地方都使用立軸式風車，這種大風車的優點是可以適應來自任何方向的風。

風車

古老的風車能夠代替人力進行灌溉、脫穀、磨麵粉等繁重的勞動。當風車迎著風時，風力推動風車的扇葉轉動，然後帶動磨等機械進行工作。荷蘭有很多風車，被稱為「風車王國」。

趣味小知識

風級

風的大小對人們生活影響很大，為了測量風的大小，人們規定了一個標準，叫風級，把風分為 0 級到 12 級。超過 6 級的風就會對生活造成影響。

身邊的科學

風是怎麼來的？

地球上各個地區接受太陽熱量的多少不同，受熱多的地區空氣會上升，其他地區的空氣就來填補空位置，空氣流動產生了風。風向是指風的來向，風從南邊來，就是南風。

帆船

帆船靠風力來行駛。順風時，帆船張開帆在風的推動下就能快速向前航行，而逆風時只要調整帆的角度，船也能斜著向前行駛，但速度比順風時慢多了。

風力發電

利用風力來發電，既經濟、方便，還無汙染，在風大的地方建造風力發電站，由電腦控制槳葉隨風轉動，就能把槳葉的旋轉力轉變為電力了。

風力發電具有成本低，無汙染等特點。

水力

河水、溪水在不停地流動，流動的水給人們帶來了用不完的能量。千百年來，人們一直把水力作為推動機器工作的動力，現在，人們還利用水力來發電。

水車的工作原理

水車是利用水的流動來推動水輪轉動的裝置。水車可以和不同的機械結合進行不同的工作。

中國古代的水車

中國古代的人們用水車進行各種工作，例如給穀物去皮，為冶鐵爐鼓風等。

水力發電

在多雨的山區建造堤壩，把水蓄存起來，利用放水時湍急的水流衝擊水輪機的葉輪轉動，產生巨大的能量，再把這些能量轉化為電能，這就是水力發電。

都江堰

都江堰是中國歷史最悠久的水利工程，是戰國時李冰父子率眾興建的。都江堰能夠自動分流、自動排沙、自動防洪，是世界水利工程中的奇觀。

趣味小知識

瀑布

瀑布就是一股從高處落向低處的水流，當這些水垂直落下時，會產生巨大的能量，如果利用這些能量來發電的話，可以產生大量的電能。

身邊的科學

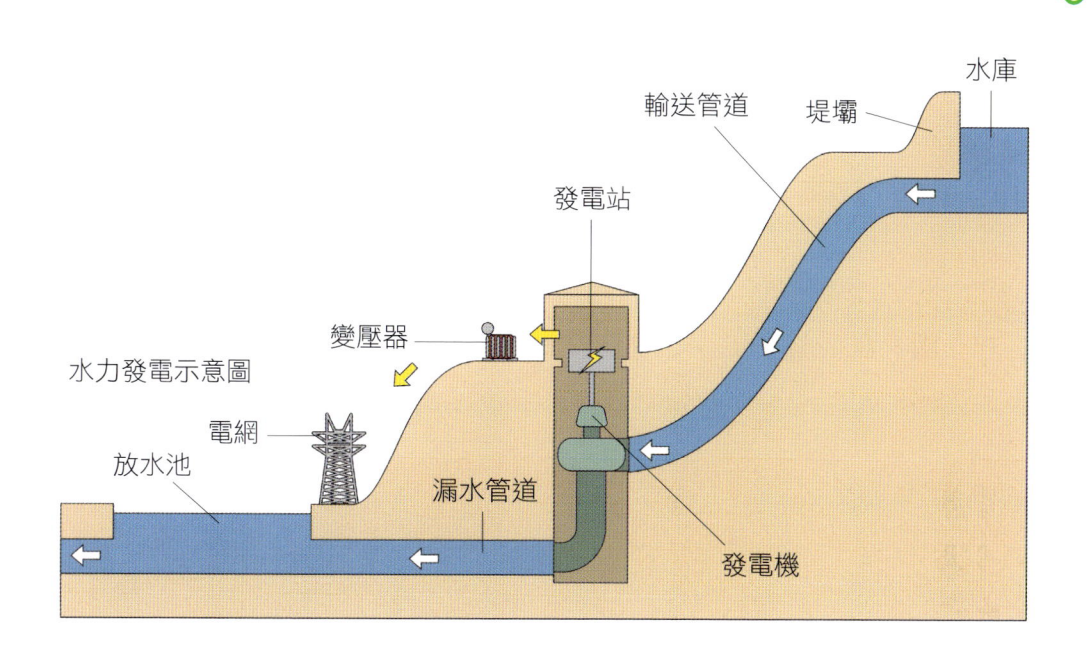

水力發電示意圖

水庫・堤壩・輸送管道・發電站・變壓器・電網・放水池・漏水管道・發電機

太陽能

太陽是一個熾熱的氣體大火球，它源源不斷地向地球輸送巨大的能量，給人類帶來了光明和溫暖。我們除了直接利用太

趣味小知識

為何要建空間太陽能發電站？

在地面吸收太陽能會受到天氣、大氣隔阻和電站選址等各種因素的影響。在太空中卻沒有這些影響，因此把太陽能發電站建在太空是很有潛力的計畫，但首先必須解決電力輸送的問題。

103

陽的光和熱外，還可以把太陽能轉化為電能，作為動力來驅動汽車、飛機等。

太陽爐

把許多小小的鏡子拼成一個碗狀結構，使太陽光聚集在碗中的一個點上，這一點的溫度會變得很高，可以用來加熱東西。這種裝置就叫太陽爐。

許許多多的鏡子組成的反射器，可以聚集太陽光。

收集塔，這裏裡的溫度可以達到3800℃。

這個太陽爐是是用9500塊鏡鏡子做成的。

日光溫室

日光溫室是直接利用太陽光進行加溫、用來種植蔬菜的暖房。溫室向光面使用透明的材料，使陽光盡可能地照進來，保證室內溫度可以滿足蔬菜生長的需要。

太陽能熱水器

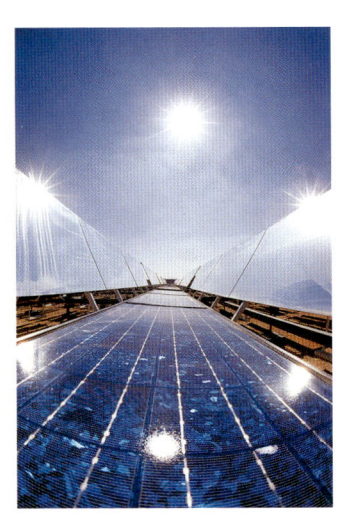

太陽能熱水器是用特殊的集熱材料收集太陽的熱量，把水加熱的裝置。太陽能熱水器不會汙染環境。

太陽能熱水器在很多陽光充足的地區被廣泛採用。

身邊的科學

太陽能汽車

太陽能汽車的動力來自太陽光，這種汽車從腰部到車尾都裝有太陽能蓄電池。它不排廢氣，對環境幾乎沒有污染。在乾旱少雨、陽光充足的沙漠地區，太陽能汽車將是最理想的交通工具。

太陽能發電

利用太陽能電池板，把太陽能收集起來進行發電，使太陽能轉化為電能，為我們的生活和工作提供動力。

更多的自然能

自然界中還存在著許多可供人們開發利用的能源，這些能源有的已被廣泛開採利用，例如煤、石油、天然氣；還有一些能源雖然已經被人們所認識，但還沒有大規模利用起來，例如潮汐能、生物能。

石油

石油是埋藏在地下呈黑色或褐色的，可以燃燒產生能量的油，它是一種不可再生的能源。汽車使用的汽油、柴油，飛機使用的煤油等都是從石油中提煉出來的。

兒童百科一本通

煤

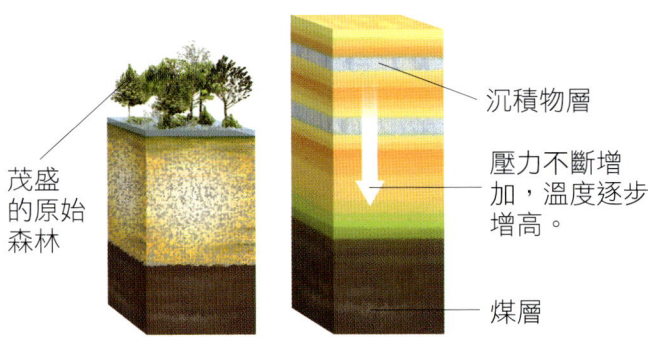

煤是一種應用很廣泛的礦產，它是由遠古時代埋在地下的植物慢慢轉化而成的。煤是不可再

沉積物層
壓力不斷增加，溫度逐步增高。
茂盛的原始森林
煤層

煤炭形成示意圖

生的能源，而且儲量有限，所以要合理開發和使用。

天然氣

天然氣是一種埋藏在地下的可燃氣體。它是埋在地層中的古代生物經過地質作用形成的。天然氣多藏在油田、煤田和沼澤地帶中。

趣味小知識

能源的分類

根據來源不同，可以把能源分為四類：煤、石油、天然氣、風力、水力、太陽能屬於與太陽有關的能源；地熱是與地球內部熱能有關的能源；與太陽、月亮引力有關的能源屬於潮汐能；與原子核反應有關的屬於核能。

身邊的科學

潮汐能
月球和太陽對地球產生的引力使海水發生潮汐現象，海水一漲一落的過程中蘊藏著巨大的能量。目前，潮汐能主要用於發電。浙江溫嶺的江廈潮汐電站是目前中國最大的潮汐電站。

地熱
地球內部存在著巨大的熱量，這些熱量有些以溫泉的形式釋放，有些以火山爆發的形式釋放。地熱可以用來發電。

生物能
生物能是貯存在生物體中的太陽能，這是可再生的能源。生物能的蘊藏量非常大，農林作物、城市固體廢棄物、某些工業廢料等都是生物能的來源。中國農村使用的沼氣，就是一種生物能。

第三節　簡單機械

槓桿

槓桿是人類較早學會使用的工具之一。槓桿的原理非常簡單，但它的作用卻很大。在我們的生活中，有很多工具都是利用槓桿原理工作的。

槓桿是如何工作的

槓桿是靠動力和支點來克服阻力的簡單工具。動力的大小可以透過槓桿的長短來調節。槓桿可以分為三類。

第一類槓桿

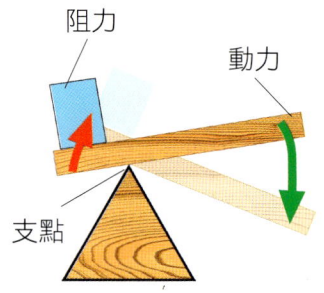

第一類槓桿的支點在動力和阻力之間，支點改變了力的方向。鉗子、剪刀、蹺蹺板、天平都屬於第一類槓桿。

第一類槓桿原理圖

人體內的槓桿

人體的許多部分也是靠槓桿原理來工作的。抬頭時頸部產生向下的力，頸關節成了支點，改變了力的方向，頭就抬起來了。

身邊的科學

第二類槓桿

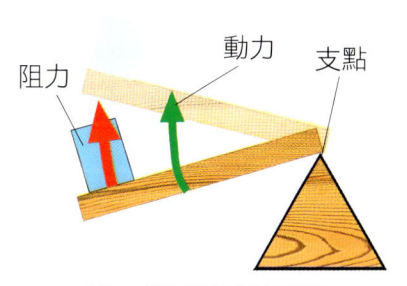

　　第二類槓桿的動力在支點和阻力之間。動力到支點的距離比阻力到支點的距離短，所以比較費力。壘球棒、釣魚竿和鑷子都屬於這一類槓桿。

第二類槓桿原理圖

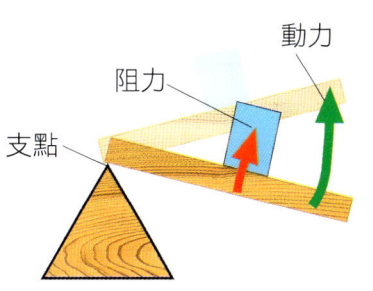

第三類槓桿

　　第三類槓桿的阻力在動力和支點之間，因為阻力到支點的距離比動力到支點的距離短，所以比較省力。小推車和開瓶器屬於第三類槓桿。

第三類槓桿原理圖

趣味小知識

撬動地球

二千二百多年前，古希臘一位叫阿基米德的科學家在研究了槓桿原理後，說：「給我一個支點，我就能撬動地球。」你認為他的想法能實現嗎？除了這裡介紹的工具外，你還能找到其他槓桿嗎？

109

斜面

把貨物從地上抬到高處時，非常費力，但是如果用木板搭個斜坡，把貨物推到高處，這樣就省力多了。這個斜坡就是斜面。斜面在生活中的應用很廣泛，如刀、斧、螺絲等。

幼稚園裡的滑梯也是一種斜面，從上面滑下來的速度會越來越快。

斜面的魔力

利用斜面往高處轉移貨物可以省力，這是因為斜面承擔了貨物的一部分重量。同樣一個高度，坡越緩，也就是說斜面越長，運輸物體時，就可以越省力，但要走的路程也就越長。

趣味小知識

斜面的其他利用

科學實驗中，冷卻液體都要使用冷凝管。冷凝管有許多種，其中蛇形冷凝管的內管是一條螺旋狀的小管，在外管和內管之間通冷水，螺旋內管可以充分增加冷卻接觸面，縮短冷卻時間。

身邊的科學

針

針尖可以看成是由許許多多的斜面圍成的。可別小看了這個針尖，它可以輕而易舉地穿過衣物，把衣物縫起來。

斧頭

斧頭的刃是由兩個斜面組成的，也叫楔形。這種楔形可以擴大斧頭劈木頭的作用力，使斧頭很容易就推進木頭中，把木頭劈開。

刀

刀刃和斧刃非常相似，也是由兩個斜面構成的。這兩種工具的用途不一樣，所以使用的材料和外形也稍有差異。刀主要是用來切割物品的，所以做得比較薄。

螺絲釘

螺絲釘的螺紋也是斜面，當我們用力擰螺絲釘時，木頭被擠出空隙，這樣，我們就可以比較輕鬆地把螺絲釘擰到木頭裡了。

盤山公路

汽車從山腳下開到山頂上，如果直接爬上去的話，不但非常困難，還很危險。但是在繞山而建的盤山公路上行駛的話，

高大橋梁的引橋往往被造成螺旋形，這樣就拉長了引橋，減小了橋的坡度，更加安全。

省力又安全。盤山公路也是利用了斜面省力的原理。

輪

我們生活在一個輪子的世界裡,自行車有輪子、汽車有輪子,直排輪有輪子,機器的運轉也要靠滑輪、齒輪,你能想像沒有輪子的世界嗎?

輪子的特徵

輪子有很多用途,這一切都要歸功於輪子的一個重要的特徵,那就是圓形輪子的中心到邊上任何一個點的距離都相等,這樣,輪子就可以自由地轉起來了。轉動的輪子可以幫人們做很多事情,減輕了人們的負擔。

工廠裡的很多機器都要靠輪和軸的幫助才能工作。

不同的車輪

各種車都有車輪,但各不相同。最早的車輪是用木頭做的,車走在路上很顛簸;現在的車輪是用金屬和橡膠做成的,使車走起來很平穩。自行車的輪子比汽車的要窄很多,這是因為汽車要拉很重的東西。

身邊的科學

輪軸

輪軸是一種由兩個大小不同的圓形物體、圍繞同一個軸心轉動的簡單機械，大的是輪，小的是軸。輪和軸的大小相差越大就越省力。

齒輪

齒輪是邊緣有齒的輪子。齒輪都是成組工作的。當其中一個輪子轉動時，它邊緣的齒和其他輪子的齒嚙合，就帶動其他輪子轉動起來。大部分機器都要靠齒輪工作，機械手錶裡有齒輪，工廠的機器裡也有齒輪。

滑輪

升國旗時，升旗手在下面拉繩子，國旗就會升起來。這是因為旗桿的頂部有一個滑輪，繩子套在滑輪上，一端連著國旗，另一端握在升旗手的手裡，往下拉一端時，另一端就會上升，因為滑輪改變了力的方向。

趣味小知識

輪胎上的花紋

仔細觀察一下，汽車和自行車的橡膠輪胎都不是光滑的，上有很多凹凸的花紋，這並不是為了好看，而是為了增加車輪和地面的摩擦力，防止打滑。

第四節　讓工作更輕鬆

簡單的日用品

拉鏈、鎖、傘、圖釘、火柴等各種小物品在我們生活中隨處可見，雖然它們看起來很不起眼，但你想過沒有，如果沒有這些東西，我們的生活會變成什麼樣子。

牙刷

只有保持牙齒的清潔才能保證牙齒的健康，牙刷幫我們完成了這項任務。我們現在使用的牙刷是1780年由一位英國人發明的。

圖釘

當你想往牆上或木板上釘個東西時，使用圖釘是不是很方便？圖釘帽大針細，按住圖釘帽時，就把力傳給了針尖，小小的針尖得到力後可以很輕鬆地鑽進木板或牆裡。

火柴

古時候人們點火很費力，開始時靠鑽木頭獲取火星，還要有專人看護火種，後來又用火石來打火，直到一百多年前，才發明了可以方便取火的火柴。這種火柴漸漸發展成為今天使用的安全火柴。

身邊的科學

肥皂

　　肥皂是我們生活中不可缺少的洗滌用品。它的去汙能力很強，使用起來也很方便。一百多年前，肥皂才開始被人們廣泛使用。

鎖

　　早在四千多年以前，人類就發明了鎖，並用它來鎖住自己的財物，每個鎖必須用與它配套的鑰匙才能打開。今天，鎖更是家家戶戶生活中不可缺少的物品。

第一個彈子鎖是1865年耶魯發明的。

別針

　　別針是一種很巧妙的用品，彎曲而有彈性的針可以從針頭打開，也可以扣住。用它可以把布或紙暫時固定在一起。

趣味小知識

我們也能發明

生活中的發明創造並不一定只有科學家才行，只要我們平時多觀察生活中的各種現象，再想出解決各種問題的辦法，勤思考、勤動手，我們也可以發明出很有用的東西來。

傘

無論是傾盆大雨還是烈日當頭，都有傘幫我們擋住風雨、遮住烈日。傘是古代的中國人發明的，最初用油紙和竹子製成，後來改用各種布料做傘面。傘可以自由張合，非常方便。

這種繪製著精美書畫的紙傘是人們非常喜愛的工藝品。

家用電器

隨著科學技術的發展，我們的生活已經變得越來越舒適，很多電器幫我們快速地完成了家務勞動，使我們有更多的時間來做其他的事情。

趣味小知識

環保電冰箱

早期的電冰箱用氟利昂製冷，會造成大氣汙染。現在已經研製出了新型的低汙染冰箱，相信不久後更環保、更節省能源的冰箱也一定會出現的。

身邊的科學

洗衣機
洗衣機是一種常見的家用電器，它可以自動清洗、漂淨衣物，並進行脫水，有的還可以把衣物烘乾，拿出來就可以直接穿了。洗衣機的使用大大減輕了人們洗衣服的勞累，很受歡迎。

微波爐
微波爐誕生於1945年，是美國科學家珀西・勒・斯賓塞發明的。它是利用一種很強的無線電波（微波）把食物迅速加熱的炊具。它可以在較短的時間內做熟食物，節省能源。

縫紉機
縫紉機誕生之前，人們穿的衣服都是裁縫用手工一針一線縫製的。自從有了縫紉機，人們只需要花少量的工夫就可以做好衣物、鞋子等。

吸塵器
吸塵器是一種利用電動抽風機來清除灰塵、汙物的機器。打開機器，隨著風扇的旋轉，帶著灰塵、汙物的空氣會被吸進集塵袋，隨後空氣從袋上的小孔中排出來，灰塵則留在袋中，從而達到了清潔的目的。

電鍋
電鍋靠底部的電熱盤來加熱裡面的金

這可能是中國最古老的「冰箱」了，在內部和外殼之間可以擱置冰塊。

這是清代晚期出現的木胎冰箱。

屬鍋體，而且米飯蒸熟之後會自動斷電，使用起來既方便又安全快捷。但是使用時要注意防水，以防止漏電傷人。

電冰箱

電冰箱是一種冷藏電器，分為幾個室，其中溫度低於0℃的部分是冷凍室。在電冰箱裡儲藏食物，食物可以保持更長時間的新鮮。最早的電冰箱是用有毒的氨來製冷的，後來改用無毒的氟利昂，但氟利昂會破壞大氣中的臭氧，現在已經發明了無氟的環保冰箱。

身邊的科學

辦公用品

隨著科學的發展，越來越多的高科技技術被應用到人們的工作中。在辦公室中，你會發現有好多融入了高科技的辦公用品，如影印機、印表機、傳真機等，這些物品都成了我們工作中不可缺少的幫手。

繁忙的現代化辦公室中，各種辦公用品承擔了各種重複性的工作，無形中也使人們的工作節奏加快了許多。

影印機

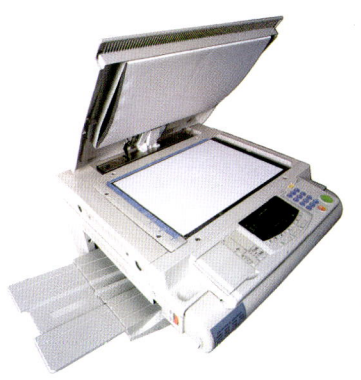

影印機是利用特殊光敏導體的靜電特性和光敏特性把檔案、圖片原樣印在紙上的機器。這種機器在現代工作中使用非常廣泛，使人們在工作中減少了機械的重複工作。

最早的影印機是用骯髒的化學材料進行複印的，直到1938年卡爾森才發明了使用普通紙進行複印的乾印影印機。

打字機

打字機有手打和電打兩種，透過敲打鍵盤把字或符號列印在紙上。電腦的使用

越來越廣泛後，打字機已經漸漸退出歷史舞臺了，但畢竟打字機曾經極大地提高了辦公室工作時的效率。

傳真機

傳真機是把文字、圖畫等資訊轉變為電信號，再靠普通電話線傳送出去的通訊設備。對方的傳真機收到這些信號後，把信號轉化為原來的資訊，並列印出來。

第一臺電動打字機是 1901 年美國人薩德斯‧卡希爾發明的。

電腦

電腦已經成為我們生活中不可缺少的一部分，在工作中電腦的使用率非常高，它可以幫助人們處理和儲存大量的資訊。你現在看到的這本書，就是利用電腦排版製作的。

印表機

印表機是由電腦控制的打字機，屬於電腦的輸出設備。它可以把電腦的輸出資料、字元、圖形列印在紙上。現在使用最多的有點陣式、噴墨和雷射印表機。噴墨和雷射印表機列印速度快、噪音低。

釘書機

釘書機是一種簡單的槓桿式工具。你

身邊的科學

往下壓釘書機時，壓鐵就從成排的訂書針中分離出一枚針，並把針壓進紙裡，底部的溝槽使訂書針下壓時向內彎曲，這樣就把零散的紙張訂在一起了。

在醫院

在醫院裡，醫生用各式各樣的儀器幫病人檢查身體，並根據得到的資料來進行診斷。醫療儀器的使用讓檢查和診斷的速度大大地加快，準確性也大大地提高，這樣，醫生就能很快找到正確的治療方法。

聽診器

聽診器透過振動膜來收集人身體內部的聲音，把這些聲音放大後透過軟管傳進耳機。醫生利用聽診器可以聽到人體內的聲音，並根據聲音的情況初步診斷病人的病情。

超音波掃描

超音波是一種人聽不到的聲音，它在傳播時碰到不同的東西會做出不同的反射。超音波掃描器就是利用這個原理來幫病人檢查身體的。

X光射線機

X光射線是倫琴在 1895 年發現的，這

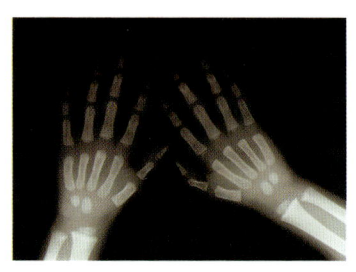

是一種我們看不見的射線。它能透過身體的軟組織，但難於透過像骨骼和牙齒之類的硬組織。X光射線機就是利用X光射線的這一特性來幫人們檢查身體的。

在X光膠片中，可以清楚地看到身體內骨骼的情況。

斷層掃瞄

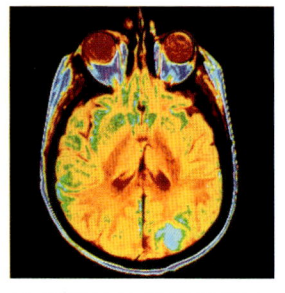

斷層掃瞄也是利用超音波的原理工作的，但和超音波不同的是，它可以把人體內的情況用立體的方式反映出來，使醫生能更全面地瞭解病人身體內部的狀況。

這是紅外線熱像儀對人的頭部檢測後得到的片子。

紅外線熱像儀

人體在新陳代謝的過程中會產生熱輻射，用紅外線熱像儀檢查身體，可以發現熱輻射不正常的地方，幫助醫生對病人的身體狀況作出判斷。

趣味小知識

生活中的X光射線

生活中很多地方也會用到X光射線。車站、機場等地入口處的安全檢查儀，就是靠X光射線的幫助查出違禁品的；電視機在工作時螢幕也會放出X光射線。過量的X光射線對身體有害，所以看電視時要保持一定的距離。

身邊的科學

血壓計

血壓是反映人體健康狀況的重要指標之一。用腕環血壓計量血壓時，血液流動時對血管產生的壓力，先傳到纏在胳膊上的橡皮袋裡，袋中空氣受壓，推動血壓計指標發生變化，醫生就可以讀出被測者的血壓了。

心電圖

心電圖可以反映心臟的狀況，儀器把心臟活動時產生的電效應記錄下來，畫到紙上。醫生透過紙上的圖形就能知道病人的心臟狀況了。

內視鏡

內視鏡是一條裡面裝有可以傳送圖像的光纖管子，管子兩頭各有一個透鏡，伸入人體的透鏡可以把人體裡面的情況透過光纖傳到外面的透鏡上，最後這些圖像會顯示在儀器的螢幕上。

農場中

在二百年前的農場中，各種勞動都以手工為主，生產效率相當低。經過農業技術革命後，傳統的生產工具被機器取代，工作效率也隨之提高了幾百倍，而且農民的勞動程度也大大降低了。

聯合收割機

聯合收割機在收割農作物時可以說是個好幫手。它能同時完成收割穀物、自動脫粒、把穀粒和作物的莖分開等多種工作。

1831年美國人麥克考米克發明的收割機大大提高了糧食收割速度。

除草機

草長高了就要把它割短，如果靠人力來完成的話，費時又費力，但是除草機卻能把這項工作完成得又快又好。現在體育場草坪的花紋也是靠除草機用不同的方法修剪出來的。

土壤耕作機

土壤耕作機是用於翻耕、鬆土的機械，也就是機械化的犁。它在拖拉機的牽引下對土地進行耕翻，大大提高了工作效率，而且翻得均勻又整齊。

拖拉機

拖拉機是一種很重要的農場動力機器，它主要用於牽引各種農具進行耕地、播種、收割等。小型拖拉機用橡膠輪胎，而中、大型的拖拉機用履帶。

身邊的科學

噴灌

在農場、公園中，你可能見過一種澆水裝置。這種裝置透過噴頭使水往上噴，然後水就會灑下來落到作物上或草地中。這種澆水方法就是噴灌。它省水、省工，而且對水土保持的效果也很好。

施肥、施農藥也可以用噴灌的方法來進行。

播種機

你到田野中看過播種種子的場面嗎？播種機可以幫人們按照一定的要求把種子播入土中，有的播種機還可以直接播種種苗。

噴藥機

大面積耕種土地時，噴灑農藥的工作就變得很繁重。噴藥機是一種機械化的噴霧裝置，它可以在拖拉機的牽引下給農田、果園噴灑農藥。

趣味小知識

也許你不會相信

新技術在農業生產中的運用，尤其是電腦和其他先進技術的使用，可以預測作物生長時各種可能發生的危害，並做出警報。這樣可以立刻採取防治措施，一切都在掌握中。

兒童百科一本通

購物與銀行

科學技術的發展和應用，使我們日常購物變得方便快捷。自動櫃員機（ATM）讓我們可以隨時取出自己的存款；購物結帳時對商品條碼的鐳射掃描使整個結算過程更加快速準確；使用信用卡結帳可以不必使用現金，這些透過銀行結算的方式讓付款更加便捷。

條碼

你注意到沒有，幾乎所有的商品上，都有一組平行排列、寬窄不同的黑白條紋，這就是條碼。條碼是一種新的資訊技術。它的使用使商店和生產工廠，都可以迅速得到所需要的資訊，方便了進一步安排工作；顧客在購物時，也節省了結帳的時間。

條碼掃描器

用條碼掃描器的鐳射來掃描條碼，掃描器裡的光敏感器立刻就能識別出商品的名稱和價格，然後再把資料傳送給收銀的電腦，並顯示出來。

自動手扶電梯

在商場、機場、車站等大型公共場所都有可以代步的自動手扶電梯在周而復始

身邊的科學

地運轉著。它的運載能力很強，使人們可以很方便地上下樓，減少了購物和旅遊中的疲勞。

信用卡

信用卡是一種特製的卡片，它的正面印有各種圖案和號碼等，背面有一道黑色的磁條。磁條是信用卡最重要的部分，上面記錄著這張信用卡的所有資訊。信用卡可以用來存款、取款，也可以代替現金進行結帳等業務。

使用信用卡結帳時，只要把有磁條的一邊在刷卡機中一刷就行了。

電子秤

在超市或商場中購買需要秤重的物品時，售貨員會把物品放在秤物臺上，電子秤就可以迅速讀出物品的重量；售貨員輸入商品代號後，電子秤還能立刻計算出價錢，並列印出來。

趣味小知識

異地取款

你拿著在這個城市辦的提款卡，在別的城市也可以領到錢，為什麼呢？因為各地銀行之間建立有電腦網路系統，可以資訊共用。另一個城市銀行裡的電腦只要能讀到這張卡的資訊，你就可以提款了。

自動櫃員機

在城市中有很多自動櫃員機，又叫ATM，它能代替銀行行員工作。持有信用卡和各種提款卡的客戶可隨時從自動櫃員機上存入或取出現金，方便快捷。

現代化生產

經過一次次工業革命後，工廠生產進入了現代化生產時期。生產過程被劃分為多個環節，應用多種機械化設備流水作業，生產效率大大提高。很多危險的工作由機器人取代了，減少了工作的危險。

傳送帶

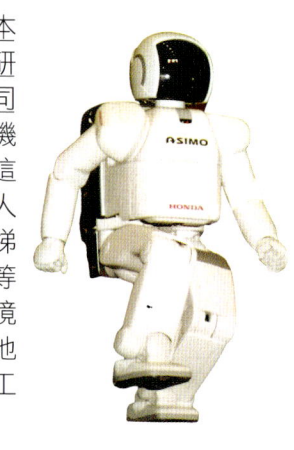

在工作過程中，工人在各自的位置固定不動，傳送帶靠滾動的傳送軸把需要加工的產品運送到工人面前。這一裝置的使用大大減少了運送時間，提高了工作效率。

這是日本本田科研工業公司研製的機器人。這種機器人能在樓梯、斜坡等日常環境下自如地行走和工作。

機器人

機器人是科學技術高度發展後，科學家研製而成的。機器人可以說是「多才多藝」，它可以完成

身邊的科學

繁重的勞動和危險環境中的工作。現在，你在許多現代化工廠中都可以看到浩浩蕩蕩的機器人大軍。

堆高機

在工廠和港口，搬運和堆放貨物的工作多借助堆高機來完成。堆高機利用木頭或塑膠抓手，迅速地把貨物從一處移動到另一處。

機械手臂

在自動化流水線生產中，機械手臂是一個重要的角色。它在不停地工作著，動作相當靈活。由於它的工作都由程式來設定，因此在工作過程中不易出錯。

流水生產線

隨著各種技術的成熟、專業化，可以把某些生產過程分出若干順序排列的工作過程，再進行合理的搭配和銜接，使整個生產線連續、平行、有節奏地工作。這種生產線就叫流水生產線。

在流水線作業中，工人站在自己的位置上，專門完成某一項工作，完成後再交給下一位工人。

第五節　生活與休閒

看得更清晰

我們的眼睛可以看到五彩的世界，但還是有很多微小或很遙遠的東西無法看清。為了更好、更全面地觀察這個世界，人們發明了各種儀器，如顯微鏡、各種望遠鏡等。

放大鏡

放大鏡是用凸透鏡做成的。把放大鏡放在太陽光下，光線透過放大鏡匯集成一點，這一點就是焦點。焦點和放大鏡正中心的距離就是焦距。把物體放在焦距內，你透過放大鏡所見到的物體就被放大了。

趣味小知識

凸透鏡和凹透鏡

光線通常走直線，但當它以傾斜的角度進入透明物體時，方向就會發生偏轉。凸透鏡中間厚，邊緣薄，光線斜穿過它時，就向內偏轉；而凹透鏡中間薄，光線斜穿過它時則向外偏轉。

身邊的科學

眼鏡

有很多人因為各種原因，視力模糊，其中有些人看不清近處的東西，有些人看不清遠處的東西，這就需要配戴合適的眼鏡進行矯正。

顯微鏡

顯微鏡是由兩組凸透鏡組成的，靠近物體的一組叫物鏡，靠近眼睛的一組是目鏡。把物體放在顯微鏡載物臺上合適的位置，經過物鏡和目鏡的兩次放大作用，你就能看見平常看不見的細微世界了。

望遠鏡

望遠鏡可以清晰地觀察遠方。望遠鏡有兩種，一種是折射望遠鏡，原理和顯微鏡差不多。另一種是反射望遠鏡，它可以做得很大，望得也很遠，因此它的使用範圍更廣泛。

天文望遠鏡

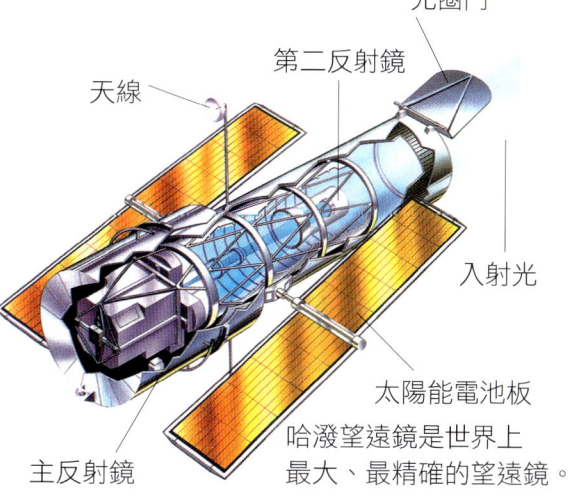

天文望遠鏡是反射望遠鏡，不能隨便移動。人們用可以反射光的四面鏡做物鏡，把它裝在圓形的天文臺上，這樣移動天文臺並上下調節鏡頭，

光圈門
第二反射鏡
天線
入射光
太陽能電池板
哈潑望遠鏡是世界上最大、最精確的望遠鏡。
主反射鏡

就可以觀測太空了。

美妙的音樂

我們的生活離不開音樂，音樂能夠愉悅我們的心情，陶冶我們的情操。美妙的音樂都是由樂器演奏出來的。各種樂器的形狀、製作材料不同，演奏出的音樂也有很大差別。

鋼琴

鋼琴是一種結構複雜的樂器，內部有一套成雙或成組的緊繃金屬琴弦，每組弦的前端都有一個音槌。當你按下某個琴鍵時，與這個琴鍵相連的音槌就會敲打相應的琴弦，使琴弦振動而發聲。

鋼琴的結構

琴蓋往斜上方打開，是為了把聲音更完整地傳向聽眾。

鋼琴的鍵盤按十二平均律半音關係排列，分上下兩排黑白鍵。

踏板可以改變發音的長短。

音槌是外面裹著毛氈的木質槌，用來擊打琴弦。

琴弦由不同型號的鋼絲製成，低音一根弦，低中音二根弦，高中音以上都是三根弦。

132

身邊的科學

小提琴
　　小提琴的構造雖然簡單，但每個細小部分的質地都會影響到琴的音質。小提琴有四根弦，拉琴時，琴弓與琴弦的摩擦使琴弦振動，透過琴馬引起面板振動，進而透過音柱使背板振動，從而發出悠揚的琴聲。

口琴
　　口琴的琴身呈長方形，開有上下兩排小方格，小方格裡都裝有金屬小簧片。簧片按音高排列。吹口琴時，無論吸氣還是呼氣都可以引起簧片的振動，從而產生聲音。

手風琴
　　手風琴由鍵盤、鍵鈕和風箱三個部分組成。演奏時用肩帶把琴懸於胸前，右手在鍵盤上彈奏，同時左手推拉風箱鼓風，使空氣振動簧片發音。

吉他
　　吉他有六根弦，用手指或撥片彈奏。在吉他的琴面上，有一個圓形的洞，撥動琴弦時，聲音就從這個洞傳入空洞的琴體，產生共鳴，使吉他的聲音更加響亮，音色更加飽滿、動聽。

兒童百科一本通

記錄生活

科學技術的發展使我們可以用很多方式把生活中的聲音和畫面記錄下來，如攝影、錄影、錄音等。這樣我們就能夠隨時看以前的生活，隨時隨地欣賞喜愛的音樂，生活也變得更加多姿多彩了。

麥克風

主持人在主持節目時，要使用麥克風。在專業的錄音室裡，人的聲音也是透過麥克風傳送到音響系統中，轉化為機器可以識別的電磁信號，這樣就能把聲音記錄下來。

光碟

我們現在看的動畫片，聽的音樂很多都是記錄在光碟裡的。光碟光亮的一面上布滿了螺旋小坑，這些小坑只有在顯微鏡下才能看到，然而聲音和圖像的資訊就藏在裡面。播放時，鐳射就把這些資訊轉化出來。

磁帶

磁帶有錄音磁帶和錄影磁帶兩種。它們為什麼能夠記錄聲音和圖像呢？這是因為磁帶上面塗滿了磁粉。這些磁粉可以記錄下聲音和圖像。錄影磁帶要比錄音磁帶

身邊的科學

複雜得多，它不僅要記錄聲音還要記錄圖像。播放的時候，答錄機或錄影機的磁頭透過測試磁粉的分布模式，把它們還原成聲音和圖像。

照相機

照相機可以把人和景物的影像永遠地保留在軟片上，把軟片進行沖洗就可以得到照片。現在已經出現了更方便的數位相機，它不使用軟片也可以直接把景物記錄下來。

隨身聽

隨身聽是一種攜帶型的答錄機，它的大部分功能和答錄機相同。它把聲音轉化為電流後傳送到耳機中，再由耳機把電流轉化為聲音傳進人的耳朵。

錄影機

錄影機是一種可以把活動場景和現場聲音全部記錄下來的設備。最早的錄影機

趣味小知識

彩色照片

彩色照片不僅真實地記錄了生活中的色彩，還可以保存得更長久。拍攝時，各種彩光透過照相機的鏡頭感光在彩色膠片上，軟片沖洗後就形成了彩色的照片。

是用來拍攝電影和電視節目的，而現在攜帶型錄影機已經越來越普及了。人們外出遊玩時常常帶上攜帶型錄影機，可以讓旅遊和各種活動增添了不少樂趣。

越來越小的錄影機受到了更多人的歡迎，因為它攜帶更加方便。

電影與電視

電影與電視是我們日常生活休閒中不可缺少的部分，它們都是用栩栩如生的活動影像來表現事物的。電影和電視的原理很相似，都是利用「視覺暫留」的原理來讓觀眾產生錯覺的。

電影

把活動的影像用攝影機記錄在膠片上，再透過放映機把這些影像投射在銀幕上供觀眾欣賞，這就是電影。

有線電視

今天有線電視已經走進了家家戶戶，它不需要室外天線，傳送信號也不受地形、天氣和無線電波的影響，而且還可以收看

透過有線電視可以選擇觀看自己喜愛的節目。

身邊的科學

到更加清晰的畫面。其實有線電視就是一種共用天線電視。

電視節目

電視節目一般由無線電波傳送到每戶人家，也有透過電纜傳送的有線電視。發射臺把電視節目轉變成信號播放出去，每戶家庭的電視機就可以把收到的信號還原成影像顯示在螢幕上了。

電視會議

電視會議是指在舉行會議時，參會人員與主持人不直接見面，而是透過電視和網路組成的設備，把會議的聲音、圖像傳到世界各地的各個會場中，這個設備也能把各會場的情況傳送給主持人。這種會議方式節省了人力、物力，很受歡迎。

趣味小知識

三原色

紅、黃、藍這三種顏色被稱為色彩三原色，自然界中的各種色彩都是由這三種顏色按不同比例混合成的。你試著把這三種顏色的水彩調和一下，看一看，能得到什麼顏色？

兒童百科一本通

電視臺

電視臺中的發射機把電視圖像和聲音轉變為一種無形的波發送出去，每戶人家接收到的電視信號都是從電視臺中發射出來的。為了增大信號的覆蓋面，電視臺都建得很高或者建在高處。

上海東方明珠電視臺是亞洲最高的電視臺。

身邊的科學

第六節　通訊

保持聯繫

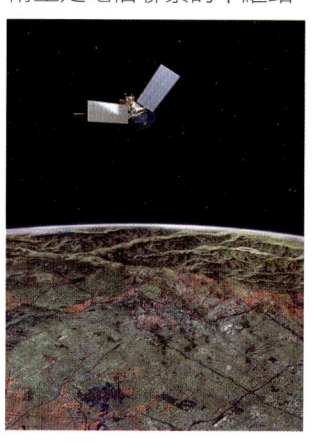

從前，相隔千里的人透過烽火臺、飛鴿、驛道和書信等來保持聯絡，見不到面也聽不到聲音。隨著科技的發展，電話成為人們聯絡的主要方式之一。給千里之外的親友打個電話，人們之間彷彿沒有了距離。

衛星是電信聯繫的中繼站。

電話的發明

電話是貝爾發明的。他在實驗中發現鐵片在磁鐵前面振動發出的微弱聲響，透過導線傳到了遠處。根據這個原理，1876年3月貝爾發明了電話。

電話

家家戶戶的電話透過電纜或光纖連接在一起，每部電話都有一個固定的號碼，這樣各個電話之間的聯繫就不會混亂。

行動電話

行動電話不需要電話線，只透過彼此間的信號發射和接收就能直接通話。信號的中繼要靠通訊衛星、接收基地的幫助才能完成。

IP 電話

IP電話就是網路電話,它把普通電話和網際網路連接起來,透過網際網路通話。由於電話接通方式的不同,IP電話的長途話費也很便宜。

通訊衛星

通訊衛星和地面接收基地聯合起來就可以接通電話或轉播電視。通訊衛星把地面送來的信號進行中轉,再把各種資訊的信號傳給對方。

視訊電話

你知道嗎?現在有一種視訊電話,不僅可以聽到對方的聲音,還可以看到對方的相貌,它是電話與電視兩種技術相結合而產生的。

趣味小知識

古老的資訊傳遞方式

你見過烽火臺嗎?在長城上每隔一段距離就有一個這種用來瞭望和報警的烽火臺。古時候當遇到敵情時,守衛的士兵就在這裡點起大火或狼煙,利用煙火向兵營報信。

身邊的科學

磁卡電話

有一種公用電話，只要你往裡插一種磁卡，就可以打電話。磁卡中事先儲存了一定的金額，卡上的磁條就保留了這些資訊。當你把它插入電話機時，電話機讀取了這些資訊後，你就可以打電話了。

峰火臺

網路時代

電腦已成為我們日常生活中很重要的一部分，網路則更是大大地豐富和方便了我們的學習和生活。網際網路把世界上眾多國家的數千萬臺電腦連結在一起，你不用出門就可以快捷地享用來自世界各地的資訊資源。

國際網際網路

網際網路就是平常所說的 Internet，它是世界上最大的電腦網路，把世界各地的區域網路透過電信系統連接起來。在網際網路上人們可以傳遞資訊，盡情交流。

電子郵件

電子郵件就是我們通常所說的 E-mail。在網站中申請一個電子郵箱，然後透過網

際網路，你可以不受時間和地點的約束，快速地把信件傳送到世界任何地方。

網頁

網頁是顯示資訊的視窗，上面有文字、圖片，有些還有聲音和動畫。網頁中有許多相關連結，點擊這些連結，可以很方便地轉到其他網頁上。

精彩無限的網頁世界，它是網際網路上最基本的資訊介面。

網路遊戲

在網路遊戲中，對手不再是單純的電腦，而是網路另一端的人。今天網路遊戲已成為一種很流行的休閒娛樂方式，在遊戲中需要和對手鬥智鬥勇。適量地進行一些網路遊戲可以增強人的應變能力。

趣味小知識

為什麼電子郵件能如此快捷？

平常你透過郵局寄一封信，最快也得一天，而電子郵件幾分鐘就到了，為什麼？原來，電子郵件是靠網路光纖進行傳送的。信件直接從你的電子信箱送到對方的電子信箱中，快速安全，暢通無阻。

身邊的科學

網路購物

　　網路購物已越來越流行。你可以在網路上詳細地瞭解自己感興趣的商品，然後在網路上填表交易，商店會把物品直接送到你家裡來。貨款則根據你所提供的銀行帳號由商店直接從銀行劃撥。這樣做會很方便又快捷。

遠距教學

　　遠距教學比課堂教學更加靈活。學生可以透過登錄網路學校來學習想學的知識，還可以在網路交流、討論，真正成為了學習的主人。在某些特殊時期，遠距教學顯得尤為重要。

遠距教學在世界上已經非常流行。

第七節　交通

現代交通

　　在城市中，轎車、公共汽車等各種交通工具從你身邊呼嘯而過，但它們卻極少會碰撞，而是非常有秩序地駛向各自的目的地。這是因為它們都有各自的路線，並且都服從交通管制中心的指揮。

高架橋

　　高架橋建造在幾條道路的交叉口，就像大橋一樣架在空中。這樣，來往的車輛就可以在各自的道路上順利地通過，再也不用等紅綠燈了。

高速公路

　　高速公路平整順暢，採用立體交叉、完全封閉的形式，汽車可以在上面飛快地行駛。坐小汽車去外地旅行，走高速公路可以節省很多時間。

交通管制中心

　　城市裡的交通管制中心，利用各種道路監視器和電腦來指揮交通，可以避免交通堵塞。

身邊的科學

世界上最長的海底隧道是日本的青函海底隧道，全長 53.85 公里

隧道

隧道是修築在地下和海底的通道。巨大的挖掘機在地下挖出隧道供汽車、火車和各種管道線路通過，大大地減輕了地面上的交通壓力。

懸索橋

懸索橋是吊橋的一種，在河流、海峽兩岸豎起高高的塔柱，塔柱上掛纜索，纜索兩端跨過塔柱的頂端後，在兩岸地面上牢牢固定。纜索上垂直掛下許多吊桿，這些吊桿用來懸吊橋面。

跨海大橋

建造跨海大橋極完善地解決了分隔在海兩岸的地區所擁有的交通問題。跨海大橋跨度大，對水下工程要求很高，還要能夠抵禦海浪的衝擊和海水的腐蝕，所以它要求的工程技術比普通的橋更為複雜。

跨海大橋解決了麻煩的交通問題。

斜拉橋

斜拉橋也叫斜張橋，與懸索橋相似，也是需要把纜索跨過兩岸的塔柱。不同的是，斜拉橋的纜索一端固定在塔柱上，而

145

另一端緊拉橋面。這種橋的跨度可以相當大。

交通號誌燈

交通號誌燈就是路口的紅綠燈，由電腦控制，它對控制城市交通很重要。紅燈停，綠燈行，這是任何人都要遵守的交通規則，而黃燈則是紅綠燈的預警信號。

快樂單車

你騎過單車嗎？單車也就是我們所說的自行車。自行車有很多優點，它容易騎，也容易維修，而且不需要燃料，所以對環境也沒有汙染。

趣味小知識

你知道嗎？

很多城市裡都有自行車道和公車專用道，是專門為騎自行車的人和公共汽車準備的。這是為了保障騎車人和公車的行駛安全。

身邊的科學

自行車的發展
　　第一輛自行車是1839年製成的，最早的自行車前輪大，後輪小。自行車的優點很多，因而被世界各國的人們作為出門工具廣泛使用。自行車比賽也成為一項專門的賽事。

普通自行車
　　走在馬路上，隨處可見普通的自行車，這種自行車比較安全。當你踩下踏腳時，鏈條就把力量傳給後軸，後軸就會帶動後輪轉動向前走了。

變速自行車
　　有一種自行車，它的後輪安裝了一套由幾個大小不同的齒輪組成的變速裝置，可以根據需要分擋變速。當你選擇大齒輪時，騎車費力但速度快；而選擇小齒輪時，速度慢卻很省力，上坡時特別有用。

雙人自行車
　　你見過兩個人一起騎的自行車嗎？它和普通自行車一樣有兩個車輪，但卻有兩對踏腳、兩個車座，可以由兩個人同騎。

三輪車

三輪車前面有一個車輪，後面還有兩個車輪，它的平穩性較好，又便於裝載東西。有很多老人喜歡騎一種小型的三輪車，還有一些大型的三輪車是用來運送貨物的。

三輪車裝上車廂後，就可以載人了。

多人騎的自行車

在馬戲團裡有一種可以讓很多人一起騎的自行車，這種特殊的自行車有多個踏腳、多個車座，可以同時讓很多人一起騎，這種車需要大家齊心協力才能走得又快又穩。

趣味小知識

安全騎車

在馬路上騎車時，一定要注意交通安全，一定要在自行車道上騎，而且要遵守交通規則，靠馬路的右邊騎車。

身邊的科學

各種汽車

第一輛汽車誕生後，它的性能開始得到不斷改進，速度也越來越快。隨著技術的完善與更新，各種樣式新穎、功能齊全的汽車，已經越來越多地出現在人們的生活中。

第一輛汽車

最早的汽車是在一百多年前製造的。汽車沒有發明以前，人們到較遠的地方去，坐的多是由馬拉的車。德國有兩位科學家為了減少餵馬的麻煩，發明了一種不用馬拉的車，這就是最原始的汽車。

普通轎車

在城市的馬路上行駛的大多是普通轎車，它們有各種顏色和造型。這種車的性能穩定，對開車的技術要求也不是很高，適合作為城市中的代步工具。

趣味小知識

繫好安全帶

現在很多汽車都裝上了安全帶。當遇到緊急事故而緊急剎車或急轉彎時，安全帶可以把你固定在座位上，避免受傷。因此在開車或坐車時一定要繫好安全帶。

賽車

你見過賽車嗎？賽車就是用作比賽的汽車。賽車的安全性能很好，但樣子很怪，這是為了適應它高速行駛的需要。它的車身低，輪胎寬大，車的穩定性很強。

賽車比賽不僅是一種體育項目，更是對勇氣、車手技術、科技和極限的挑戰。

越野車

越野車屬於四輪驅動型車，爬坡對它來說輕而易舉。它的剎車性能十分優良，車胎寬大、底盤離地很高。這些特性都使它適合在野外奔馳。

跑車

跑車是一種用來遊玩、充分享受駕車樂趣的轎車。它跑得快，穩定性好，而且外觀很漂亮，極受年輕人的喜愛。現代的跑車很多都是敞篷的。

貨櫃車

在運送貨櫃時，需要專門用貨櫃車來完成這項工作。它的車身很長，車輪多，功率大，即使裝上非常多的貨物也能跑得很快。

身邊的科學

公共汽車

在城市交通中，公共汽車是必不可少的交通工具。公共汽車有單體的，也有兩節車廂的，還有一些是雙層的。它們可以運送很多的乘客。由於公共汽車很龐大，所以對司機的技術要求也較高。

雙層公共汽車

軌道上的旅行

有些交通工具，如地鐵、火車等，必須在固定的軌道上才能行駛，這種交通工具的行駛速度很快，還不受道路交通的影響。它們能夠運送更多的旅客，而且可以很安全地把旅客送到很遠的地方。

行駛在軌道上的城市生命線。

普通火車

普通火車是由火車頭帶動整列車廂行駛的。這個火車頭的動力來源於蒸汽、燃油或電力等，它的運送能力很強，一列客車可以供幾千名乘客乘坐。

電力火車

電力火車是一種直接從電力網中獲取

151

動力的火車。這種火車無汙染，還可以迅速提升到高速，大大縮短了旅行時間，而且採用電阻裝置，減少了對列車零件的損壞。

地鐵

城市中，人多、車多，路面交通有時很擁擠，而地鐵卻不受這些因素的影響。它在地面以下運行，準時方便，極大地舒緩了路面的交通壓力。

輕軌

輕軌是一種速度快、汙染小的新型交通工具，主要往來於城市和市郊之間。它的運送能力高於汽車，但又低於地鐵和火車，所以叫輕軌。輕軌的運行不受道路狀況的影響，極受人們歡迎。

趣味小知識

火車能在道路上行駛嗎？

火車都是在鐵軌上行駛的，它能在道路上行駛嗎？當然不能。因為火車特別重，如果直接在道路上行駛的話，會嚴重破壞路面，而且也不利於它的高速行駛。

身邊的科學

搖擺式列車

列車快速行駛中，轉彎時可能會產生危險，而搖擺式列車很完善地解決了這個問題。這種列車在轉彎時，車廂會向相反的方向傾斜，這樣列車不必減速也依然可以安全、平穩地向前行駛。

磁浮列車

磁浮列車是一種高科技的交通工具，它利用電磁鐵同極相斥、異極相吸的原理，使列車整體懸浮起來，「浮」在軌道上飛馳。由於沒有與軌道摩擦產生的阻力，它的速度極快，而且平穩、安全。

磁浮列車被認為是21世紀最理想的交通工具。

水上交通

古時候，人們為了越過水面而製造了簡單的工具——船。現在，水上的交通已經很發達了，人們不斷建造出各種大型的、更加安全而且快速的現代船舶，它們甚至可以穿越茫茫的海洋。

輪船

現代輪船一般都是用鋼鐵製造的，它利用機器的推動力前進。輪船的船頭或船

尾裝有錨，而螺旋槳則總是裝在船尾。輪船由於船身龐大，停船很不容易，因此需要逆著水流靠岸。

氣墊船

氣墊船的船身下有一個充氣的氣墊，使船能完全浮在水面上。由於減少了水的阻力，它的行駛速度很快，但航行受天氣和海浪的影響很大。有些氣墊船還可以在陸地上行駛。

客輪

客輪是專門用來運送旅客的輪船。它的船身就像一座巨型的建築物，分好幾層，每一層都有很多房間，而且有些客輪上還有舞廳、商店、電影院、游泳池等設施。

客輪上的房間主要分為居住艙室和公共艙室兩種。

遊艇

遊艇是一種專門用來娛樂、休閒觀光的船，它可以高速行駛，也可以在淺海地區的海面上隨波漂浮，是一種很靈活機動的船。

超級油輪

隨著世界上石油使用量的增加，石油的海上運輸也不斷增多。超級油輪一次就可以裝載二十萬噸以上的石油。它的裝卸

身邊的科學

、防火設施很完善，但是時常發生的石油洩漏事件卻給海洋帶來了嚴重的汙染。

破冰船

嚴寒降臨，北方的一些港灣和海面會被冰封住。為了打開航道，讓船順利航行，就要使用破冰船來把這些冰衝開。破冰船特別堅實，功率大，抗腐蝕性也好。

貨輪

貨輪是專門用來運輸貨物的船，按用途可以分成好幾種，有的專門運送集裝箱，有的是冷藏貨輪，還有的是送油、水等液體的貨輪。運送集裝箱的貨輪一定要注意保持好船的平衡，以確保航行安全。

按航行期和服務對象，貨輪又分為定期貨船和不定期貨船兩種。

趣味小知識

船為什麼能浮在水上？

輪船是用鐵做成的，再裝上沉重的貨物，卻還能浮在水面上，這是由輪船的結構和形狀決定的。把鐵板拼成盒狀就能增大它的浮力，只要浮力大於船的重量，船就能浮在水面上了。

155

空中飛行

很早以前，人類就夢想飛上藍天。一百多年前，美國的萊特兄弟嘗試了具有歷史意義的十二秒飛行。今天，人們已經可以用各種方式飛上天空，而且越飛越高、越飛越遠，甚至可以到宇宙中其他的星球去做客了。

熱氣球

飛機出現之前，人類發明過一種飛得又高又遠的飛行器——熱氣球。它利用燃燒器來加熱氣囊中的空氣使氣球上升，懸掛在氣囊下的竹籃就能把人或物品帶到空中，但是熱氣球的飛行方向無法控制。

乘坐熱氣球探險是許多人的夢想。

飛艇

飛艇是一種外形像香腸一樣的氣球，它也是靠加熱空氣而飛上天的，但飛艇的結構比熱氣球複雜得多。它可同時運送很多旅客，還能控制飛行的方向。但是，現在已經不再用它來運送旅客了。

在許多商業活動中人們依然使用飛艇。

身邊的科學

飛機
今天的飛機製造技術已經達到了很高的水準。飛機不僅是很多人出門、旅遊的重要交通工具，還能完成空戰、營救遇險人員、撲滅森林大火等工作。

機場
機場是飛機起飛和降落的地方。飛機的飛行都有一定的路線，為了不出意外，飛機的每一次飛行都必須由機場的調度人員來指揮，並調整飛機的飛行路線。

直升機
直升機有許多普通飛機所沒有的優點，它可以直接起飛、降落，不用在機場跑道上滑行，而且還可以迅速改變飛行的狀態，並能懸停在空中，在救援中的作用很大，不能小看。

直升機也有弱點，它的速度比較慢，飛行的距離也短。

水上飛機
水上飛機的外形和普通飛機差不多，但它可以在水面上起飛、降落，也能在冰雪、草地上起落。水上飛機可用於海洋巡邏、海上救援等工作。

隱形飛機
隱形飛機並不是真的能隱形讓我們看

157

不到,而是說雷達探測不到它。雷達是依靠無線電波的反射來工作的,只要使用各種方法使飛機不反射電波,就能躲過雷達的探測,讓它「隱形」。

逆風起落

飛機起飛時,逆風而行可以借助風力產生較大的升力;而降落時,逆著風可以借助風的阻力來減小飛行速度,所以逆風起落可以讓飛機起落更安全。

身邊的科學

第八節　科技與未來

生物的世紀

二十一世紀是生物的世紀。生物技術可以改變生命的形式，有很多以前我們想都不敢想的事情，今天已成為事實。利用生物技術，人們可以獲得很多全新的食品和藥品，解決很多以前無法解決的問題。

基因

你聽說過基因嗎？其實，地球上一切生物都有自己特定的基因，使它們表現出各自的特徵，並適應各自的環境，把種族一代代延續下去。

變異

一般來說基因是穩定的，但有時也會發生一些改變，這種改變被稱為變異。變

趣味小知識

彩色棉花

有科學家把其他植物的顏色基因導入棉花中，成功後，種植出來的棉花就是彩色的。這種棉花可以直接紡線織布，不用再染色，相當環保。

159

異是生物進化的基礎，但某些變異也會造成可怕的疾病，例如地中海貧血症就是紅血球基因一個微小變異造成的。

複製

複製是一項重要的生物技術，利用這種技術，理論上可以複製出一個與母體遺傳性狀完全相同的生物，也可以複製出某些器官。科學家已經利用這個技術複製出來一頭叫「多莉」的綿羊和其他許多動物。

可愛的複製羊「多莉」。

轉基因

轉基因就是透過生物技術，把某些外源基因導入生物體內，對生物體原有基因進行修正。現在有科學家正在嘗試把防感冒的疫苗基因導入番茄內，人們吃了這樣的番茄就相當於打了防感冒的疫苗了。

改造基因食品

改造基因食品是這幾年很熱門的一個話題，它是指利用改造基因技術培育出的蔬菜、水果和糧食，還包括某些用改造基因食品餵養的動物製成的肉類。目前還不能確定這種食品是否絕對安全。

身邊的科學

改造基因

隨著生物技術的不斷發展，某些不利的基因是可以利用生物技術的方法改變的。有些科學家還設想用這種方法改良人類的某些基因缺陷，但這種做法還未能得到世界的一致贊同。

人們期待著基因技術的進一步發展和應用。

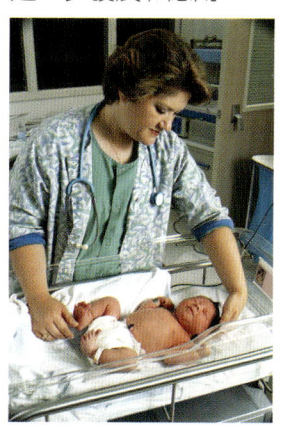

海洋的未來

我們生活的地球被廣闊的海洋覆蓋著。如果能充分利用海洋資源，一定會給我們的生活帶來很大的變化。現在，科學家們已經有了很多設想，並且在逐步實行。

填海造地擴大了人類的活動範圍，但必須綜合考慮航運、灌溉、水產養殖等各方面的利益。

海上機場

隨著世界各地交流的進一步發展，需要更多的飛機來運送旅客，那麼機場就需要建得更大或建得更多。如果把機場建在海面上，就不會占用有限的陸地了，而且飛機的噪音和廢氣都可以遠離人們，使我們的生活更加安全健康。

開發海洋

無邊的海洋中有無窮無盡的資源，對海洋進行開發利用有很廣闊的前景。我們可以在海洋中建立城市、工廠，還可以開發海洋中蘊藏的能量。

巨大的能量庫

你知道海洋中都有什麼嗎？除了各種海洋生物外，大海裡還貯存著巨大的能量，海浪、潮汐、海水的溫度差別都能用來發電，海底世界還儲藏著豐富的石油、天然氣和各種礦藏。

淡化海水

隨著人口的不斷增多，工業的不斷發展，地球上的淡水越來越少了。把海水淡化處理成為可供人飲用的淡水和讓機器工作的水，是我們努力研究的方向。淡化後的海水將來會成為人類淡水的主要來源。

現在淡化海水的技術還沒有被廣泛應用。

保護海洋

對海洋的開發和利用不當，有可能會破壞海洋本來的生態平衡，導致某些海洋生物的滅絕，造成無法挽回的損失。所以在利用海洋的同時，也需要採取各種措施來保護我們的海洋。

身邊的科學

海洋牧場

在陸地上，人們可以建立牧場對牛、羊等各種動物進行養殖，而海洋中的魚類也是人類食品的重要部分，能否建立海洋牧場對海洋中的動物和魚進行放牧，是一些科學家正在研究的課題。

> **趣味小知識**
>
> **未來海底城市**
>
> 如果有一天我們真的住在了海底，海底城市會是什麼樣呢？海底中的城市也有各種樓房和娛樂設施，與陸地相比，海底還有一個特點，那就是沒有寒冬和酷暑。

醫療新發展

各種技術的進一步發展，使醫學上的技術更加成熟和完善，更多新的醫療技術和儀器都有可能出現。到那個時候，人們看病會更加方便，也會更加快捷。

電腦醫生

電腦醫生也可以做得和人類的專業醫生一樣出色。它透過對病人的身體狀況進行分析，會做出一套適合病人恢復健康的

治療程式，病人可以按照這個程式進行治療。

人工骨骼
有些人的骨頭不幸折了或發生了病變，需要截斷，病人將會終身殘疾。但如果有人工骨骼的話，就可以把壞掉的骨頭進行更換。換好的人工骨骼也能像真的骨頭一樣富有活力。

遠距會診
「不去醫院，在家中看病」，利用網際網路，這個夢想已經可以實現了。醫生和病人不用面對面就可以互相對話，醫生還可以透過電腦對病人進行身體檢查。

藥物設計
以前對一種新藥的治療效果的監測，都要反覆在動物和人體上進行實驗，耗時長，而且要冒很大的風險。以後就可以透過電腦類比人體對藥物的吸收以及反應狀況，來分析藥物的療效了。

延遲衰老
事實上，人類已經越來越長壽了，隨著對人類遺傳基因的深入研究，未來仍可以進一步延長生命。人類生命的延長可以讓很多正在進行的工作得以繼續開展。

身邊的科學

人造眼

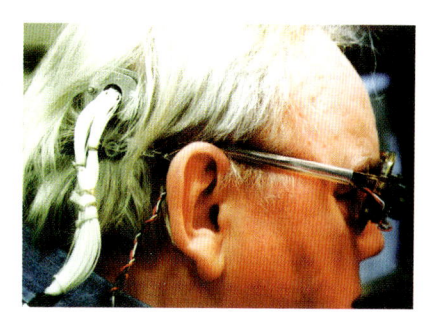

失明的人看不見太陽，也看不見五彩的世界，現在已經有科學家發明了人造眼。人造眼上的微型錄影機、電腦與人的大腦相連，在它的幫助下，盲人也可以識別較大的物體。

人造眼為失明者打開了一扇明亮的窗。

人體再造

在以後的科學時代中，醫學可以對人失去或壞掉的任何器官進行再造。把這些再造器官重新植入人體，可以使患者重新擁有健康快樂的生活。

人造肢體

在科幻片中，你一定見過有一些人裝了各式各樣的假肢，這些假肢讓他們的身手更加靈活，與正常人相比還顯得更加強壯，這種假肢就是人造肢體。

探索太空

抬頭仰望夜空，繁星點點。天空中閃爍的星星究竟是什麼樣的呢？現在科學家對太空的探索已越來越深入

科學家設想創造出以光速前進的火箭。

兒童百科一本通

，將來有一天，人類是不是可以到別的星球生活、工作，甚至移民到那裡去呢？

探索外星球

科學家希望能對太空的情況有更多的瞭解。他們在不斷地探索那些離我們更遙遠的星球。今天，科學家已經對月球、火星、金星、土星和木星進行了探測。

太空梭

太空梭的外形像一架普通大型客機，它靠火箭的動力被送入太空，乘坐在太空梭中的太空員可以在裡面生活、工作，並可以安全的返回地球。

趣味小知識

在太空中人會長高

進入太空的人都會長高，這是因為在太空中沒有了地球引力，關節的間隙就會變大，使人的身體長高了。但是他們回到地面後幾個小時內就會恢復以前的身高了。

太空裝

太空中有很強的輻射，還有各種亂飛的物體，這些都會危及太空員的安全，因此進入太空的太空員都必須穿上太空裝，

身邊的科學

這樣可以避免受傷害。太空裝中還裝有通訊設備，太空員彼此間可以保持聯繫。

尋找火星生命

科學家經過探索，發現火星的環境和地球十分接近，他們認為火星上也可能有生命存在。科學家們先後發射了幾個探測器去探索火星，但是至今還沒有發現「火星人」。火星有沒有生命仍然是一個謎。

首次登月

月球是離地球最近的星球。首次登上月球的是美國的太空船，第一位站在月球上的太空員在月球上留下了自己的腳印，這是人類第一次在外星球上留下自己的足跡。

1969年7月美國太空員阿姆斯壯成為第一個登上月球的人。

太空站

太空中有許多資源可以為人類服務，而太空對於人類來說卻又是一個陌生的新環境。太空站為人類適應太空生活、研究太空生物、探索太空奧祕提供了穩定的空間。

綠色科技

科技的發展也帶來了許多負面影響，其中包括對環境的破壞。環境的破壞給人類造成的損失是無法彌補的，為了人類更加美好的未來，大力發展以防止汙染、保護環境為目的的綠色科技是勢在必行的。

有機農業

化肥和農藥的大量使用，破壞了自然的結構，小鳥不再歌唱，蝴蝶不再飛舞。有機農業就是指在生產過程中不使用化肥和農藥的農業，對環境汙染小。用這種方式生產出來的產品就叫綠色食品。

利用垃圾發電的發電廠

廢物利用

廢物利用可以減少汙染，還可以節省資源，一舉兩得。許多國家都在廢物利用方面下了很大的工夫。隨手的垃圾都有可能成為再生的新東西。

垃圾分解技術

科學家模仿地球產生地熱的過程，把一些垃圾，如各種動物的內臟、廢輪胎、廢紙、汙水等進行分解，最後生產出可被

身邊的科學

人類再利用的水、汽油等有用物質。

生活用水再利用

把我們生活中洗手、洗臉、洗澡、洗菜等生活污水集中起來，經過簡單處理後，可以用於沖廁所、灌溉、消防等，這樣可以節約用水。

為了保護環境要多利用再生用品

可分解塑膠

塑膠被廢棄後，對土壤造成很大的危害，被破壞的水土還會威脅到人類的生命安全。可分解塑膠在土壤中會變成可被土壤所吸收的小碎片，極受歡迎。

核能發電

核能是原子核分裂和聚合時放出來的巨大能量，只需要一點的原子核就可以生

趣味小知識

垃圾分類

垃圾的分類投放有利於垃圾的處理。現在的垃圾桶多分為收集可回收和不可回收垃圾兩個部分。可回收垃圾有紙、金屬、玻璃、塑膠、電池等。我們在丟垃圾的時候可要分清楚了。

產出大量的電。核能發電只要保證安全生產，防止洩漏，就是一種效率極高，而且非常環保的發電方法。

垃圾發電

城市中每天都會產生許多垃圾，這些垃圾不但難以處理，而且對環境的汙染很大。如果把可燃的垃圾焚燒，產生的熱量用來發電，不但可以減少垃圾，還可以消滅細菌。

未來的生活

在未來的日子裡會有更多的科技產品面世，而我們的生活將會變得越來越有趣。那時候，我們的城市、我們的生活將會像科幻小說中描述的那樣，一切都更適合人類的生存。

奈米衣物

把奈米技術應用在衣物上，衣服的保暖、透氣、防汙能力會更強，穿著也會更舒適。現在奈米技術已經很成熟，而且適用的範圍很廣泛，使用奈米技術的產品性能也更加優良。

身邊的科學

虛擬世界

人類天生就對危險和艱難有種畏懼。今後，只要利用電腦就可以生成各種虛擬的險境，任何人都可以進入這個虛擬世界鍛鍊自己面對困難和艱險的勇氣。

只要把你想像的環境設計成程式，你就可以在這個環境中享受身臨其境的樂趣。

未來的汽車可以在空中飛，路面交通就再不會擁擠了。

未來的家

今天我們已經感受到網路的樂趣了，在未來十幾年內，網際網路將會把五彩繽紛的世界連接到家中，給我們更充分的體驗，一個人即使不踏出家門也可以完成購物、看病、學習、工作等所有事情了。

不一樣的旅遊

旅遊是人們擺脫疲勞、親近自然、增長知識的最好方式。在未來，隨著科技的發展，我們可以到深海中去看魚兒們怎樣生活，還可以到太空中去探訪與人類不一樣的生命。

在家工作

今天，人們的工作場所主要集中在工廠和辦公室，每天在上、下班的路上都會

171

兒童百科一本通

耗費很多時間。在未來，很多人都可以在家裡完成自己的工作，既節省辦公空間，又節省時間。

更高的智慧

現在人們的娛樂方式已經很豐富了，在未來還會有更多的選擇，而且這些未來的遊戲能更加鍛鍊我們的才智，給我們更多的樂趣。

趣味小知識

我們的任務

我們生活在一個創新的時代，對於未來的設想需要更多、更高的科學技術來完成。所以我們從小就要培養探索和研究的精神，學習更多有用的知識。

中國的傳統

第三章　中國的傳統

第一節　中國歷史

原始社會

人類剛出現時，文明的發展還很緩慢，人們過著群居的生活，使用石器工具，靠採集天然食物和狩獵為生。逐漸的，人類學會使用火、製作陶器，這是人類發展的重要指標。

元謀人

1965 年，考古工作者在雲南省元謀縣發現兩顆古人類的門齒化石和一些粗糙的石器。這是距今大約一百七十萬年前的雲南元謀人，是公認中國境內最早的居民。在元謀人的遺址中還發現他們製造和使用的刮削器等工具。

北京猿人

1929 年 12 月 2 日，考古學家在北京周口店龍骨山的一個岩洞中發現第一個中國猿人的頭蓋骨，並定名為「北京猿人」。這個發現震驚世界。北京猿人生活在距今

當年從北京周口店發現的北京猿人頭蓋骨。

173

七十萬至二十萬年前，使用打製石器。迄今為止，周口店遺址仍是世界上人類化石材料最豐富、植物化石門類最齊全、研究最深入的古人類遺址。

仰韶文化

仰韶文化的遺跡存在時間為西元前五千年至前三千年，分布在陝西關中、河南大部、山西南部等地區。仰韶文化的手工業空前繁榮，已經開始出現原始的紡織、編織工藝，最著名的代表要數陶器，那時期的彩陶色澤鮮豔，已經有魚紋、蛙紋和獸紋等多種繁複的花樣。

仰韶文化的陶器上都有樣式繁複的彩繪。

良渚文化

良渚文化距今已有五千多年，除稻米外，在遺址中還發現花生、蠶豆和葫蘆子等農作物的遺跡。當時已開始養蠶、紡製絲織品。玉琮是良渚文化的一大特色，這種內圓外方的方柱體是當時的祭祀用品，式樣很精緻。

這個玉琮上勾勒有人物像，是良渚玉器中很少見的。

炎帝和黃帝

四、五千年前，在中國黃河流域出現兩位著名的部落首領——炎帝和黃帝。後來

中國的傳統

炎帝和黃帝聯盟，經過長期發展，形成今天的華夏民族。至今，中國人仍自豪的稱自己為「炎黃子孫」。

趣味小知識

火的使用

火的使用在人類發展史上是一個偉大的里程碑，火帶來光明與溫暖。有了火之後，人類開始吃熟的食物，為身體的健康提供保障；也開始利用它來冶煉金屬。

上古三朝與先秦

大禹的兒子啟建立中國歷史上的第一個王朝——夏朝，中國進入封建社會，往下延續的是商朝和周朝。周朝末年，戰亂頻繁，中國進入春秋戰國時期。

這是已知的夏朝出土最早的饕餮紋青銅牌飾。

王位世襲制開始

夏朝建立之前，都是由前任的君王挑選賢能之士繼任王位。禹死後，他的兒子啟殺死禹指定的繼承人伯益，自立為王。啟在鈞台（今河南禹州）召集諸侯大會，史稱「鈞台之享」，從此中國的王位世襲制正式確立。

四川三星堆遺址中出土的貼有金箔的銅人頭像。

甲骨文

河南安陽（商朝的殷都）一帶的農夫常挖到古代的龜殼甲骨。1899年，酷愛文字研究的王懿榮在這種骨片上發現契刻文字，這就是甲骨文。發源於甲骨文的漢字，仍然保留甲骨文既可象形又可會意的特點。

這塊卜骨記錄商朝「眾人協田」的情形。

176

中國的傳統

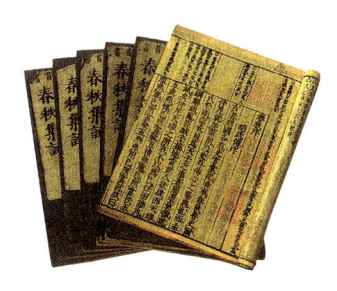

青銅文明
　　商朝是中國青銅器發展最興盛的時代，目前發現最大的青銅器——司母戊方鼎，便是商朝天子文丁為祭祀母親所鑄造的。而周朝的青銅器上多刻有文字，具有重要的史料價值。

春秋戰國
　　西周滅亡後，周平王建立東周。東周前期，社會相當穩定，史稱「春秋時期」；後期諸侯戰爭頻繁，稱為「戰國時期」。這個時代的文化，高度繁榮，各種哲學思想層出不窮，造就「百家爭鳴」的局面。

春秋時期魯國編寫的《春秋》，是中國現存最早的編年體史書。

百家爭鳴
　　春秋時期，社會發生急劇變化，出現各種學派，例如：儒家、墨家、道家、法家和兵家等。各個學派各自著書立說，發表論見，並進行辯論，形成「百家爭鳴」的學術繁榮局面。

屈原
　　屈原是戰國時期楚國人，他胸懷強國安邦的抱負，但在奸讒佞臣的中傷、陷害下屢遭挫折。被放逐後，對國家前途的憂慮使他寫下了不朽的詩作《離騷》。楚國

177

被秦國打敗後，屈原投汨羅江自盡。世人為了紀念他，把他自盡的那一天訂為端午節。

趣味小知識

井田制度

井田制度是由原始的土地公有制發展而來。周公制定的《周禮》中把土地劃分成井字形，土地收歸國家所有，耕種者只有使用權，每年必須繳納田租和賦稅。

秦漢魏晉南北朝

戰國諸侯爭霸的結果，秦國成為勝利者，統一中國建立秦朝。秦王嬴政成為中國第一位皇帝。漢朝奪取政權後，依舊保持著全國的統一；之後，中國進入動盪的魏晉南北朝時期。

秦始皇

嬴政（西元前259—前210年），十三歲即登上王位。西元前221年，他建立中國歷史上第一個多民族、統一中央集權制的國家——秦朝，並創立「

秦始皇像

中國的傳統

皇帝」的尊號，自稱為「始皇帝」。

文景之治

西漢時期，在文帝與景帝統治的四十年間，繼承先王發展農業的措施，進一步採取輕徭薄賦、與民休養的政策，於是經濟繁榮，國家安定，史稱「文景之治」。

漢武帝

漢武帝劉徹（西元前156—前87年）是漢朝最有才能的一位皇帝，他積極採取各種措施，加強中央集權。他削弱諸侯勢力、「罷黜百家，獨尊儒術」，使西漢王朝在政治、經濟、軍事和思想上獲得統一，進入鼎盛時期。

諸葛亮

諸葛亮（西元181—234年），人稱「臥龍先生」，是劉備的頭號智囊。在他的謀畫與輔佐下，協助劉備建立蜀漢政權。諸葛亮管理蜀漢軍政二十多年，力圖輔助蜀漢取得天下，無奈力量懸殊，終未成功，自己也病死在最後一次出征的途中。

三國鼎立

東漢結束後，中國進入了曹魏、孫吳和蜀漢三國鼎立的局面。曹操統治著長江以北的地區，孫權控制著長江以南的地區，而劉備則主宰長江上游地區。

書法、美術的興盛

政治社會動盪的魏晉南北朝時期,在藝術上卻有很好的發展。在鍾繇開創楷書後,行書、草書相繼興起,更出現王羲之等大批優秀的書法家。玄學的發展也帶動山水畫的興盛,顧愷之等著名的畫家,活躍在南北各地。

東晉書法家王羲之的《長風帖》。

曹氏父子

曹操（西元155—220年）,是三國曹魏政權的奠基人,他「挾天子以令諸侯」,經過討伐後統一北方。曹操病死後,他的兒子曹丕篡奪漢獻帝的皇位,建立魏國。曹操、曹丕,還有弟弟曹植都是中國著名的詩人,他們的詩作剛健有力,在文學史上被稱為「三曹」。

趣味小知識

秦漢與匈奴的戰爭

秦漢時期,蒙古草原上的匈奴勢力壯大,不斷進犯中原。秦朝曾修築長城,以阻隔匈奴的大舉進犯。直到漢武帝時,漢朝軍隊才擊潰匈奴,控制中國北部和西部的大片土地。

中國的傳統

隋唐盛世

西元 581 年，北周隋王楊堅廢周自立，建立隋朝，卻在兒子楊廣的極度奢侈下，斷送天下，最後由唐朝取代隋朝。唐朝是中國歷史上國力最強盛的時期。

長安城外，李世民為太上皇李淵修建的大明宮。

隋煬帝開鑿大運河

從西元 605 年開始，隋煬帝（西元 569—618 年）先後動用幾百萬民工，修築通濟渠，開通永濟渠，修築直達餘杭（今浙江杭州）的江南河。在不到六年的時間裡，長達二千四百公里的大運河即大功告成。爾後經歷代疏浚取直，長度減到一千七百四十七公里。

趣味小知識

科舉制

隋朝立國後開始實行三省六部制，在選拔人才上採用科舉制；唐朝開國後，進一步發展三省六部制和科舉制。這一套制度沿用一千三百多年，成為世界上歷時最久的國家制度之一。

輝煌唐朝

唐太宗李世民首開民殷國富的「貞觀之治」。經過女皇武則天的整飭，到唐玄宗李隆基時，唐朝進入輝煌的「開元盛世」，中華文明威赫四方。至今，世界各地華人聚居的地方仍被稱為「唐人街」，大唐帝國對世界的影響可見一斑。

文成公主入藏

七世紀初，棄宗弄瓚（松贊干布）統一吐蕃（今西藏和周邊地區），在與唐朝的交往中，對唐文化的仰慕促使他多次遣使要求與唐通婚。最後，唐皇室文成公主入藏與棄宗弄瓚和親，促進少數民族地區和中原的融合。

武則天

武則天（西元 624—705 年）是唐高宗的皇后，她機智伶俐，工於心計，因此得到參政的機會，並逐漸掌握軍政大權。高宗去世八年後，她登上天子之位，並自造「曌」字為自己的名字，為「日月臨空」的意思。她是中國歷史上唯一的女皇帝。

安史之亂

唐朝天寶年間，朝廷政治腐敗，地方節度使擁兵自重，整個國家危機重重。西元 755 年，曾深得唐玄宗寵信的節度使安祿山起兵反唐，叛軍進逼長安，史稱「安

史之亂」。此後，唐朝元氣大傷，開始走向衰落。

唐詩

從「初唐四傑」光彩四射的詩篇開始，唐詩迅速繁榮起來。「詩仙」李白用激情飛逸的詩篇奏響了唐詩最輝煌的時代音符；「詩聖」杜甫用他的詩篇訴說著人民的艱辛，開闢現實主義詩風的先河。

李白是唐朝最傑出的浪漫主義愛國詩人，他的詩現存有九百多首。

宋金元

趙匡胤結束唐末五代十國的戰亂，並建立宋朝，史稱北宋。少數民族金國滅亡北宋，並隔著長江與新建的南宋對峙。後來蒙古人取代金和南宋，建立元朝，把版圖擴張到亞歐的大部分地區。

陳橋兵變

趙匡胤（西元927—976年）曾任後周的殿前都點檢（禁軍統帥）。西元960年，後周受到遼國和北漢的攻擊，他奉命禦敵，於陳橋驛發動兵變，黃袍加身，自立為王，建立宋朝，定都開封。這就是歷史

上的北宋。

靖康之變

北宋靖康年間，北方的金國連續南下攻宋，宋朝抵抗不及，金兵擄走徽宗、欽宗，史稱「靖康之恥」。北宋滅亡後，徽宗第九子趙構在南京即位，建立南宋。

靖康之變中，宋徽宗、宋欽宗和宮人等四百多人被金兵擄走。

岳飛

南宋民族英雄岳飛（西元1103－1142年），在與金兵的戰役中連續取得勝利。就在他準備一舉收復國土、直搗金都時，宋高宗在奸相秦檜的挑唆下，連下十二道金牌召回岳飛，並以「莫須有」的罪名殺害他。

宋詞

在唐詩鼎盛時期，詞開始在民間流行。到宋朝，詞得到極大的發展，成為宋朝主要的文學形式。詞的句子有長有短，適於歌唱。宋朝詞人層出不窮，其中最著名的有蘇軾、李清照、辛棄疾等。

舉世無匹的大帝國

蒙古族從宋朝開始崛起，是一個英勇善戰的民族。鐵木真和他的子孫窩闊臺、蒙哥、忽必烈等帶領的騎兵幾乎征服整個

184

中國的傳統

亞歐大陸，建立元朝。蒙古帝國是世界上前所未有的龐大帝國。

宋元繪畫

北宋末年，宋徽宗創辦中國第一個皇家畫院——宣和畫院。以李成、郭熙為代表的「荊浩畫派」和以米芾父子為代表的「潑墨畫派」，都追求意境高遠而不重視形式，是文人畫的代表。南宋和元朝的畫家進一步發揚北宋文人畫的傳統。

宋徽宗的名作《桃鳩圖》

趣味小知識

話說《清明上河圖》

宋朝的國力雖然不是很強大，但是民間卻非常繁華。北宋張擇端所繪的《清明上河圖》，真實的反映當時汴河及兩岸的繁榮街市。畫中屋宇重疊，熙攘的人潮，一片商業都市的繁榮景象。

明清盛衰

朱元璋推翻元朝建立明朝，明朝的科技很發達，但後期宦官亂政，而關外滿族勢力日益強大，最終被清朝取代。晚期的清朝遭到西方列強的侵擾，再加上政治腐敗，很快就滅亡了。

戚繼光抗倭

元末明初，倭寇（日本武士和海盜）不斷侵擾中國沿海地區。明朝將領戚繼光帶領紀律嚴明的「戚家軍」，平息東南沿海的倭患。戚繼光因此被稱為民族英雄。

驍勇善戰的「戚家軍」使倭寇聞風喪膽，潰不成軍。

鄭和下西洋

鄭和（西元1371—1435年），原姓馬，小名三保，人們稱之為「三保太監」。西元1405年，他首次奉明成祖之命出海。從此他七次下西洋，最遠到達非洲東海岸。鄭和的船隊與所到國建立友好關係，也將中國文化傳播到當地。

清廷冊封達賴

清順治九年（西元1652年），西藏五世達賴阿旺·羅桑嘉措抵達北京觀見皇

中國的傳統

帝。第二年4月22日，順治皇帝冊封他為「西天大善自在佛」。從此，達賴在西藏的政治、宗教權威得以確立，中國中央政府對西藏的絕對權威也得以確立。

鄭成功收復臺灣

西元1642年，荷蘭占領臺灣，清順治十八年（西元1661年）二月，民族英雄鄭成功（西元1624—1662年）決定收復臺灣作為反清復明的後方基地。1662年1月，鄭成功終於完全收復臺灣。

康熙大帝

愛新覺羅・玄燁（西元1654—1722年），八歲登基為天子，世稱康熙皇帝。他先後平定三藩之亂，收復臺灣，與俄羅斯簽訂《中俄尼布楚條約》，維護中國大片疆土的主權。他還大力提倡儒學，對西方文化持開放的態度。他在位六十一年，是中國在位時間最長的皇帝。

趣味小知識

不平等條約

林則徐禁煙後，英、法、日、美、俄等帝國先後對中國發動數次侵略戰爭，戰後強逼清廷簽下一系列不平等條約，索取巨額賠款，香港就是在這個時期割讓給英國的。

虎門銷煙

清朝末期，英國為了緩解與中國貿易的巨額逆差，開始非法向中國銷售鴉片。西元1838年，道光皇帝派遣林則徐到廣東查禁鴉片。林則徐在虎門銷毀收繳的鴉片，為中國近代史寫下光輝的一頁。

人民英雄紀念碑上「虎門銷煙」的浮雕。

近代歷史

清朝末期，政府腐朽無能，完全失去民心。西元1911年10月，爆發的辛亥革命推翻滿清，中國革命風起雲湧，孫中山先生創立中華民國。

上海的孫中山故居。當年孫中山在這裡進行很多革命活動。

孫中山

孫中山（西元1866—1925年），廣東省中山市人，很早就開始策畫革命活動。他在美國檀香山成立興中會，並且在同盟會中制定《三民主義》，並領導辛亥

中國的傳統

革命推翻腐朽的清朝。之後，同盟會改組為國民黨。

魯迅

魯迅（西元1881—1936年），原名周樹人，是中國現代偉大的文學家。1918年，他發表中國第一篇白話小說《狂人日記》，奠定新文化運動的基石。他的文章對喚起中國人奮發向上、革新除弊的精神，影響深遠。

辛亥革命

農曆辛亥年（西元1911年），孫中山領導的同盟會和湖北的新軍配合，發動辛亥革命，澈底推翻清朝的專制統治，成立中華民國。辛亥革命在中國近代史中的作用是空前的。

五四運動

西元1919年，在第一次世界大戰後召開的巴黎和會中，英、美、法等列強硬把德國在中國的利益讓給日本。消息傳開後，5月4日，愛國學生發起「五四運動」。此運動代表著中國新民主主義運動的開端。

中國共產黨

西元1920年，在俄國十月革命和五四運動的影響下，中國許多地區成立共產主義小組。1921年7月，各地共產主義小組

在上海召開第一次全國代表大會，中國共產黨正式成立。

抗日戰爭

西元1937年，7月7日，爆發蘆溝橋事變，日本發動全面侵華戰爭。人們進行八年的艱苦抗戰。1945年，日本戰敗，終於獲得抗戰的全面勝利。

蘆溝橋附近建有抗日戰爭紀念館，表達了愛國之心的意義。

趣味小知識

萬里長征

西元1930年，蔣介石開始圍剿紅軍（毛澤東把原為流寇式的農民武力轉變為具有馬列思想的紅軍）根據地，紅軍取得前四次反圍剿成功。1933年10月，在第五次反圍剿中，由王明所領導的「左」傾冒險主義造成重大失敗，紅軍被迫開始流竄，歷盡艱難，這就是共產黨史上所謂的「兩萬五千里長征」。

中國的傳統

第二節　民族大家庭

中華民族

中華民族是眾多民族融合而成，在遼闊的土地上生活著五十六個民族，包括漢族和五十五個少數民族。全國約有 12.76 億人口，其中漢族的人數最多。每一個民族都有自己獨特的文化和風俗。

維吾爾族

維吾爾族信仰伊斯蘭教，有著悠久的文化傳統和獨具特色的歌舞。新疆維吾爾自治區的綠洲是維吾爾族的主要生活地區，出產的瓜果世界聞名。

哈尼族

哈尼族是中國西南方的古老民族，他們有多種自稱，其中以「哈尼」、「豪尼」等用得最多。哈尼族有許多的節日，最重要的有「十月節」（哈尼族的新年）和「六月節」為主。

瑤族

瑤族主要分布在廣西、湖南、貴州等地的山區。因為生活習慣和服飾的

八角是廣西瑤族人民種植的主要經濟作物。

不同，又有「盤傜」、「山子傜」、「白褲傜」等許多不同的分支。傜族人民的傳統手工藝種類很多，有挑花、織錦、編織、刺繡等。

壯族

壯族主要聚居在廣西壯族自治區。壯錦是壯族婦女獨特的手工藝品，壯族人家裡的許多生活用品都是用壯錦做成的。壯族人還愛吃花糯米飯，五顏六色的米飯好吃又好看。

銅鼓節是廣西壯族主要的節日之一。

京族

京族是廣西壯族自治區特有的少數民族，無論男女老少都是捕魚能手。他們還酷愛歌舞，在傳統的戲劇表演中，用京族特有的民族樂器奏出的音樂優雅柔美，讓人難忘。

趣味小知識

烤囊

烤囊是新疆維吾爾族人民的主食，在特製的地爐中烤製。他們每次烤的量很多，足夠一家人吃上半個月到一個月。

中國的傳統

土家族

土家族多聚居在湖南西部、湖北西部和四川等省的一些大山中。土家人充滿濃郁風情的擺手舞、儺願戲和茅古斯戲劇，展示著他們對生活的祈願和憧憬。

赫哲族

赫哲族是中國人口較少的民族之一。他們生活在黑龍江、松花江和烏蘇里江的沿岸，被稱為「水上民族」。無論在盛夏，還是四處冰封的寒冬，都能見到他們捕魚、狩獵的身影。

赫哲族男女穿的衣服都是用魚皮或鹿皮縫製的。

節日與歌舞

每到「晒佛節」，藏傳佛教的信徒都趕來朝拜，場面非常壯觀。

中國的少數民族文化多姿多彩，每個民族都有自己獨特的文化、生活習俗和節日。在節日裡，歌舞成了最好的慶賀方式，不同民族的歌舞也各不相同。

193

姑娘追

「姑娘追」是哈薩克族青年最喜愛的活動，多在喜慶的節日舉行。青年男女騎上駿馬，男的在前面跑，女的在後面追，追上的姑娘便用鞭子抽打對方，場面非常熱鬧。

「姑娘追」也是哈薩克族男女表達愛意的一種方式。

跳安昭

「安昭舞」是土族的民族舞蹈，在所有喜慶節日都要跳安昭。春節時跳安昭是表達新年豐收、生活平安的願望；婚禮上跳安昭則是祝福新婚夫婦永遠幸福。

開齋節

「開齋節」是中國回、維吾爾等伊斯蘭民族的共同節日之一。每年教曆的 9 月

趣味小知識

花兒

「花兒」是甘肅、青海、寧夏等地流行的山歌，高亢嘹亮、激越動聽。分上下兩段，用臨夏方言演唱。在清朝 乾隆年間就非常出名。

中國的傳統

是齋戒月，到了 10 月 1 日就是開齋節，各民族的穆斯林都要舉行盛大的慶祝活動。節日期間，家家炸油香、和一些油炸的食物。

彝族火把節

中國雲貴高原地帶是彝族人民的聚居地，「火把節」是他們最歡樂的節日。每年的農曆 6 月 24 日，彝族山寨的男女老少就歡聚在一起，慶祝火把節。

德昂族潑水節

德昂族的「潑水節」和傣族的一樣出名。節日裡，德昂族姑娘身背裝著竹水筒的竹籃，當長老從竹水筒中拿出鮮花，把水灑向人群時，潑水節就開始了。大家都把聖水潑向自己心愛、關懷的人。

目腦縱歌節

目瑙縱歌節是景頗族人民的傳統節日，在正月十五日後的第九天舉行。節日裡，在目腦場中祭祀完畢後，由頭戴插滿孔雀羽毛帽子的男子領舞，幾千人跟隨著起舞。

臺灣少數民族歌舞

臺灣的少數民族是臺灣最早的居民。「那魯灣」的歌舞是臺灣少數民族最有特

臺灣少數民族有泰雅、阿美、排灣、雅美、達悟、鄒族等十一個部族。

色的藝術形式。在那魯灣劇場可以看到臺灣少數民族各具特色的歌舞表演。

民族服飾

中國的五十六個民族因為各自居住環境不同，都有自己獨特的生活習慣，也形成各具特色的民族服飾。這些不同的民族服飾得到很多人的喜愛。

納西族服飾

納西族人主要居住在雲南的麗江，服飾非常有特色。婦女戴著銀片組成的頭飾，身穿寬腰大袖的大褂，繫著多褶的腰帶，羊皮披肩，上面綴有日月七星圖案。

布依族蠟染布

布依族人民主要聚居在貴州安順龍宮附近的村寨中，這裡是蠟染之鄉。布依族人民穿的衣服幾乎都是蠟染布所製，他們稱蠟染為「讀典」。用蠟染布料做成的女裝凸顯了布依族服飾清雅脫俗、美觀大方的特色。

苗族衣飾

湖南西部是苗族聚居的地方，苗族姑娘喜歡穿前胸、袖管和褲腿都繡著龍鳳花草的花邊衣褲。湘西苗族的裝飾最有特色

的還是銀飾、耳環、項圈、手鐲、吊花銀、戒指、頭飾，一應俱全。

每到節日，苗族女子都穿上盛裝，參加活動。

佘族鳳凰裝

　　佘族散居在福建、浙江和廣東等地，佘族婦女的鳳凰裝是極具特色的民族服裝之一。衣服和圍裙上都有各種花邊，鑲上金絲銀線，象徵著鳳凰的頸、腰和羽毛；身上掛滿銀器，象徵著鳳凰的鳴囀。她們還用紅頭繩紮高髻，象徵著鳳髻。

滿族旗裝

　　滿族是東北的少數民族，男性打扮為身穿馬蹄袖長袍；女性打扮為頭戴旗頭，身穿旗袍，足穿花盆鞋，而且行為舉止有一套嚴格的規矩。今天的旗袍即源於滿族旗裝。

滿族婦女的頭上都有鈿子，還有各種裝飾。

藏袍

藏族主要聚居在青藏高原，服裝非常複雜。藏袍的袖子很長，跳舞時顯得優美，頭上還戴著各種鑲有金銀珠寶、珊瑚和玉石的佩飾。另外，他們還會為遠方來的客人獻上雪白的哈達（一種生絲織品，「獻哈達」是對對方表示純潔、誠心、忠誠、尊敬的意思）。

戴面具是藏戲藝術最獨特的臉部化妝技巧。

惠安女子服飾

福建泉州惠安的女子服飾樣式奇特，顏色鮮豔，衣身、袖管和胸圍都非常貼身，外衣的長度只到肚臍上，露出肚皮。她們還習慣戴頭巾和斗笠，並用頭巾包住頭，只露出眼、鼻、口。

民族建築

分布於不同地區的各民族，有著不同的生活經驗和生存需要，他們對居住環境和建築也有著不同的認知和要求。各民族富有特色的建築，成為中國建築藝術中寶貴的財富。

中國的傳統

北京四合院

北京城是由很多四合院規則的排列組成的。四合院一般是東、西、南、北四面建房，中間圍出一個院子。每排院落的院牆圍成的通道，也就是胡同。

羌族石碉

羌族人大部分都居住在四川岷江上游地區。這裡有許多四角形、六角形和八角形的石碉，全是用石塊和黏土砌成的，相當堅固。這些石碉是當年羌族人用來抵禦外敵入侵所建的。

羌族石碉幾乎是全封閉的，只有幾個小視窗。

侗族建築

侗族人主要聚居在廣西、湖南和貴州三省的交界處。在侗族鄉村隨處可見造型優美、風格獨特的風雨橋、鼓樓、吊腳樓，最奇特的是這些建築中居然找不到一根鐵釘。

侗族鼓樓的外簷都是高高翹起的。

兒童百科一本通

黎族船形屋

聚居在海南省的黎族是一個古老的民族，他們的民族住宅是船形屋，屋頂是圓拱形的，上面蓋著茅草，一直垂到地上。這茅屋屋簷很低，有點像金字塔的形狀。

趣味小知識

住得簡陋，但很乾淨

東鄉族人主要分布在甘肅省 臨夏，生活比較艱苦，傳統住房多為簡陋的土木房子。雖然貧困，但他們把房子收拾得乾淨、整齊。

傣族竹樓

傣族是雲南特有的少數民族，主要生活在西雙版納地區。傣族人住在竹樓裡，這種竹樓就像建在木樁上的帳篷，造型獨特，冬暖夏涼，樓下還能養牲口、堆放雜物。

蒙古包

蒙古族主要生活在內蒙古的大草原上。為了適應不斷搬遷的遊牧生活，他們的住房多為用羊毛氈做成的「蒙古包」。搬家時，把房子拆了，到新的地點再裝起來就可以了。

中國的傳統

第三節　華夏文明

孔子與儒家文化

孔子主張的儒家思想是中國傳統文化很重要的一部分。儒家學說崇尚「禮樂」和「仁義」，倡導統一和中庸，在政治上主張「德治」、「仁政」。至今，儒家文化仍然對中國和東南亞一些國家，發揮著一定的影響。

孔子

孔子（西元前551—前479年），名丘，字仲尼，是春秋時期魯國人。他是中國偉大的思想家、教育家、政治家，也是儒家文化的創始人，他的「仁」說對後世影響極深。孔子和他弟子的著名言論，被收集編著成《論語》，至今仍被人們學習和研究。

孔廟

孔廟是祭祀孔子的地方，在中國，幾乎每個城市都有孔廟。曲阜的孔廟是中國規模最大的一座，前後共九個庭院，布局嚴謹，氣勢宏偉。大成殿是主體建築，殿圍的「雙龍

山東曲阜孔廟是規模僅次於故宮的中國古建築群。

兒童百科一本通

戲珠」石雕廊柱，特別引人注目。

孟子

孟子（約西元前372—前289年），名軻，字子輿，戰國時魯國人，是儒家學派的直系傳人。他繼承並發揚孔子的學說和思想。《孟子》一書記述孟子的言論和思想，被奉為儒家經典中的「四書」之一。

董仲舒與「獨尊儒術」

董仲舒（西元前179—前104年），是漢朝思想家和政治家。他向漢武帝提出「罷黜百家，獨尊儒術」的建議。獨尊儒術在當時發揮了鞏固中央集權的作用，儒家思想從此成為主導中國社會兩千多年的正統思想。

趣味小知識

私人講學

孔子是中國歷史上第一位平民教師。以前只有鄉學和官學，對入學的身分階層要求嚴格。孔子提倡「有教無類」，任何人都可以入學。他傳授「六藝」，多採用啟發方式，鼓勵學生談論自己的觀點。

中國的傳統

程朱理學

「北宋五子」的周敦頤、張載、程顥、程頤和邵雍等哲學家大力提倡與振興儒學，並對理學加以發揚。到南宋年間，朱熹開創白鹿洞書院，宣揚理學。這是中國古代思想發展史中的重要里程碑。

宋代四大書院

「書院」是古代的一種學校形式，很多學者聚居在這裡研習儒家經典，對傳播儒家文化起了重要的作用。其中宋朝的嶽麓、白鹿洞、應天、嵩陽等四大書院，至今仍然名氣十足。

湖南的嶽麓書院是世界上較早的高等學府，到現在為止，已經有一千多年的歷史。

偉大的古代科技

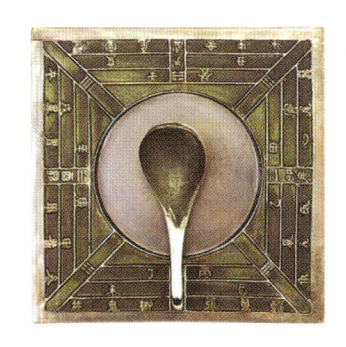

十六至十七世紀的中國科學技術，幾乎所有領域都走在世界前端。除四大發明外，中國在天文、曆法、數學、醫學、農學、水利學等諸多領域，也遙遙領先於其他各國，這些是中華民族的驕傲。

古代中國把指南的儀器叫做「司南」。

蔡倫造紙

東漢以前，書寫都用竹簡或絲帛等，不是太笨重就是太昂貴。後來東漢的蔡倫（西元63—121年）總結前人造紙的經驗，把樹皮、破布等泡爛後，搗成漿，用這種漿造出又輕又薄的紙。

祖沖之和圓周率

祖沖之（西元429—500年），是南北朝時期的科學家。他最突出的成就是利用割圓術把圓周率精確計算到小數點後第七位，領先西方近一千年。

指南針

戰國時期，中國人已經利用磁石來製作指示方向的儀器。經過歷代的發展，到北宋時，專門用於航海事業的指南針技術已經非常完善，並透過阿拉伯商人的海上貿易傳到歐洲。

趣味小知識

算盤

算盤是中國古代一項重要的發明。在元、明時期逐漸成為主要的計算工具。它使用方便，而且簡單易學，還流傳到東亞各國。

中國的傳統

火藥

最早發明火藥的人是西晉的煉丹家們。五代十國時期，簡易火箭、突火槍已經在戰場上出現。宋、元時期，火器得到迅速發展，蒙古軍隊西征時，火藥和火器的製作技術也傳入了阿拉伯和歐洲。

活字印刷術

北宋時，畢昇發明「活字印刷術」。他製造出一個個單獨的陶字模，利用這些活字排版印刷，省時又經濟，促進文化的傳播有重大的貢獻。中國的活字印刷術比歐洲早了約四百年。

《天工開物》

明朝末年，著名科學家宋應星（約西元 1587—1666 年）編纂了《天工開物》，書中記載關於紡織、鑄造、飼養、耕作、水利等方面的技術，都是當時世界最先進的。

在《天工開物》中描述的製作巨型船錨的方法和場景。

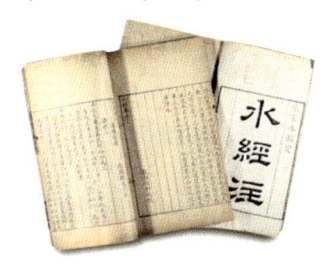

《水經注》書影

酈道元和《水經注》

北魏的酈道元（約西元 470—527 年）是中國古代的地理學家，《水經注》一書是他結合歷史記載和親身經歷寫成的。書中以水道為綱

205

，系統的介紹中國幾大水系的地理風貌，並特別關注河道的淤塞和治理情況。

古橋與古塔

中國是一個有著悠久文化的國家，中華民族用自己的聰明才智在這片大地上留下許多珍貴的建築精品。在這些建築中，古橋、古塔是不可忽視的，它們是中國建築發展歷程的見證。

江蘇的周莊鎮有許多河道，是典型的江南水鄉。鎮裡有石橋三十餘座，雙橋是其中最有特色的一座。

趙州橋

趙州橋在河北趙縣，是唐朝李春設計、建造的。這座單孔石拱橋全用石塊砌成，跨度在此後七百多年裡一直保持著世界第一。趙州橋至今保存完好，可見當時的技術和工藝的高超。

雙橋

雙橋在江蘇省周莊鎮的東北角，是明朝時建造的。因為在這裡兩條河流交匯成十字，所以工匠們建造一橫一豎兩座橋。橋洞一圓一方，很像古代的鑰匙，因此也被稱為「鑰匙橋」。

中國的傳統

晉江安平橋
安平橋在福建省晉江市，西元1151年建成的。橋長兩千零七十公尺，是古代最長的石橋，被譽為「天下無橋長此橋」。安平橋的橋墩全部用條石砌成，有長方形、半船形和船形三種形狀。

程陽風雨橋
廣西程陽村的風雨橋全長七十六公尺，四孔五墩，每個橋墩上都建有一座五層樓閣，樓閣之間有長廊相連。這座橋可以讓行人休息和躲避風雨，所以被稱為「風雨橋」。

這座風雨橋建造時沒有用任何一根鐵釘，是侗族人民智慧的結晶。

泉州開元寺雙塔
始建於西元686年的福建泉州開元寺雙塔的兩座塔相距約二百公尺，外形基本相同。其中仁壽塔高44.06公尺，鎮國塔高48.24公尺，是中國現存最高的一對石塔。

西安大雁塔
大雁塔在西安和平門外，整個塔呈方形，用磚砌成，高六十四公尺，是當年玄奘從印度取經歸來後，為了藏經講學而建。後來這座塔一直是及第舉子的題名處。

應縣木塔

山西應縣城內木塔高 67.31 公尺，於西元 1056 年建成，全由木頭構造。近千年來，經歷多次強烈地震，都沒有受到任何損害，充分證明它的抗震能力，也見證中國古代修建木構建築的成就。

應縣木塔直徑 30.27 公尺，是中國古塔中直徑最大的。

趣味小知識

塔的由來

「塔」原本產生於印度，是一種佛教建築，用來存放佛教高僧的舍利或佛骨，東漢時期隨著佛教傳入中國。中國的古塔帶有濃厚的民族特色。

中醫

中醫是中國傳統醫學，是中華民族在長期的醫療、生活實踐中，深入研究人體生命活動和疾病變化規律而形成的醫學方式。中醫主要包括：陰陽、五行、運氣、臟象、經絡等學說，還包括：病因、病機、診法、辨證、治則治法、預防、養生等內容。

中國的傳統

針灸

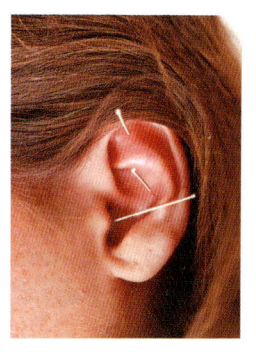

「針灸」是中醫的重要組成部分，是針法和灸法的合稱。針法是按一定的穴位用毫針刺入患者體內進行治療；灸法是把燃燒的艾線按穴位靠近皮膚，利用熱刺激治病。針灸是中國醫學的寶貴遺產。

針灸療法使用歷史非常久遠。

中藥

中藥主要來源於植物、動物和礦物及部分生化物、化學製品，副作用較小。近年來，中醫成藥也蓬勃發展，大多把中藥製成藥丸、藥液，方便人們服用，免去煎藥的繁瑣。

趣味小知識

中醫診法

不同於現在西醫大多靠儀器或化學檢驗診斷病症，中醫是用望、聞、問、切等診斷方法。醫生通過看、聽、嗅、切脈等途徑與病人接觸，就能大概了解疾病的相關資訊。

扁鵲

扁鵲（生卒年不詳）是戰國時期的醫學家，是中醫切脈診斷的創始人。他善於診斷，尤其精於望診和脈診，還擅長運用針灸、按摩、熨貼、手術和湯藥等多種方法治療各種病症。

張仲景

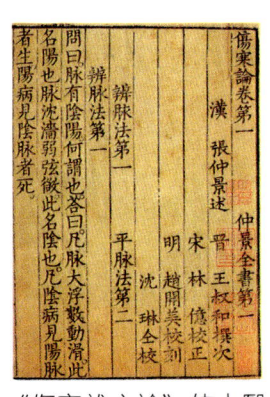

張仲景（約西元 150—219 年），是漢代醫學家，因為他的族人多患傷寒去世，所以他苦學古書，博采眾方，著成《傷寒雜病論》。這本著作對後世影響很大，他也被尊為「醫聖」。張仲景的醫學理論還深受外國的推崇，如日本人對此研究就很深入。

《傷寒雜病論》使中醫學辨證論的法則更加完善。

華佗

華佗（約西元 141—208 年），是東漢後期著名的醫學家，擅長內、外、婦、兒科和針灸等，尤其精於外科。他首創開腹術，被後代醫學譽為「外科鼻祖」。他發明的全身麻醉劑「麻沸散」和體育健身醫療的「五禽戲」，對後世醫學具有深遠影響。

孫思邈

孫思邈（西元 581—682 年），是唐朝

中國的傳統

醫學家，他在醫學上的成就是多方面的。他結合自己的臨床實踐，編著成《千金要方》和《千金翼方》。他逝世後被尊為「藥王」，故鄉陝西的一座山還被改稱為「藥王山」。

李時珍與《本草綱目》

李時珍（西元 1518—1593 年）是明朝著名的醫學家，他出身名醫世家，自幼受家庭薰陶。他對歷代的藥書著作進行辨疑、訂誤，甚至親自嘗試草藥的藥性，終於完成《本草綱目》這部中藥學巨著。《本草綱目》被稱為明朝最偉大的醫學成就。

書法與繪畫

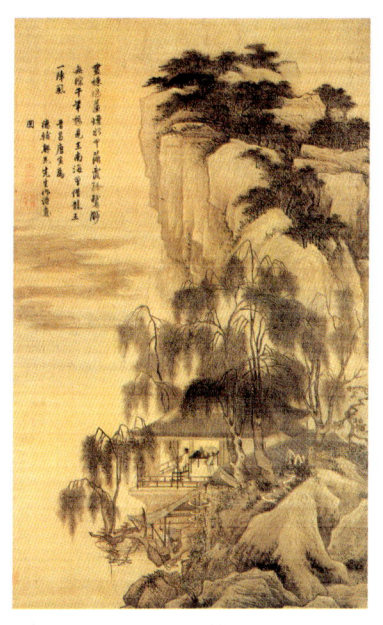

書法藝術和國畫藝術都是中國的瑰寶，是世界上獨有的。中國歷史上出現許多大書法家和國畫大師，他們留給後世許多令人嘆為觀止的佳作。這些作品一直是中國的國寶，也成為後人學習的摹本和難以超越的高峰。

唐伯虎的名畫《落霞孤鶩圖》

書聖王羲之

晉朝書法家、畫家王羲之（西元303—361年），一生致力於隸書和草書，被尊為「書聖」。他對書法非常痴迷，傳說他每天練完書法後在門口的池塘洗筆，最後竟然把池塘水染黑了。

顏真卿

顏真卿（西元708—785年）是唐朝中期著名的書法家，他的書法集眾家之長，筆力雄健，自成一體，被稱為「顏體」。他的書法對後世有很大影響。顏真卿的代表作《顏勤禮碑》，是後人習字常用的摹本。

柳公權和柳體

柳公權（西元778—865年），是唐朝後期書法家。他的書法受到「顏體」的影響，但他的字偏重筆力雄健，不同於「顏體」的豐富雍容，所以後世便有「顏筋柳骨」的說法。

宋四家

到宋朝時，中國的書法藝術成就雖然已經不能與兩晉和唐朝相比，但宋朝依然出現不少卓越的書法家，其中蘇軾、黃庭堅、米芾和蔡襄最著名，被並稱為「宋四家」。

中國的傳統

國畫

「國畫」就是中國畫。國畫有悠久的歷史和優良傳統，在世界繪畫中自成體系。國畫可以分為人物、花鳥、山水畫等，主要使用工筆、寫意和工筆兼寫意的技巧和筆法進行創作。

篆刻

篆刻是中國傳統藝術之一，就是鐫刻印章的通稱，在先秦、漢魏時期成就已經很高了。因為印章的字體一般都用篆書，先寫後刻，所以叫做「篆刻」。

西晉 宣成公的金印

趣味小知識

宣紙

中國的書法和繪畫都要用到紙、筆、墨、硯。古人寫字繪畫都是在宣紙上進行的。宣紙是書法、繪畫的特用紙，它的吸水性強，保存時間很長，特別適合創作中國書畫。

中華民族樂器

樂器是人類早期就擁有的文明財富之一。中國各民族在歷史發展過程中，創造出各種各樣極富民族特色的樂器，這些樂器成為人們表達、交流思想感情的工具。

曾侯乙墓出土的編鐘，是目前出土規模最大、保存最完好的打擊樂器。

編鐘

編鐘是中國春秋戰國時期創製的樂器。這種樂器有一個高高的木架子，上面懸掛著一系列銅製的鐘，這些鐘的形狀、大小、枚數都不相同。演奏編鐘時，用木槌擊打鐘體就能發出美妙的樂聲。

琵琶

琵琶出現得很早，相傳是秦朝修築長城的工人首先發明的。後來經過不斷的改

中國的傳統

進，又與外國傳入的這類樂器結合，形成不同種類的琵琶。彈奏時，琴身豎放，用五指彈撥。

古箏

古箏是中國古老的樂器，春秋戰國時期在秦國就已經非常流行。古箏一般用梧桐木製作，按五聲音階定弦，音色渾厚，音韻優美，能極佳的表現出行雲流水的意境。

簫

簫是廣泛流傳於中國民間的樂器，用竹管做成。管身上有六個指孔，前面五個，後面一個。相傳這種樂器是從羌族傳入中原的，最初只有四個指孔，後來才變成現在的樣子。

二胡

二胡是中國流傳較廣的樂器之一，因為只有兩根弦，所以取名「二胡」。二胡的琴筒用木頭或竹筒做成，一端用蛇皮或蟒皮蒙住，用馬尾弓拉奏。二胡的音質非常優美柔和。

二胡能很深刻的表現深沉、悲涼的感情。

鼓

中國的鼓起源很早，是世界上鼓的發源地之一。中國的鼓除了本土發源的特點外，還吸收許多外來鼓的特色。各種鼓的大小不同，有的只有一面蒙皮，有的兩面蒙皮。

馬頭琴

馬頭琴流行於中國內蒙古、新疆和青海等地的蒙古族人中，因為琴頭上雕有馬頭，所以叫「馬頭琴」。馬頭琴的演奏方式和二胡很相似，音色柔和渾厚，悠揚婉轉。

趣味小知識

日本箏

日本箏有樂箏、築箏、俗箏等，是八世紀初，中國唐朝的十三弦傳入日本後演變而來的。這三種琴的構造基本相同，都是用桐木做成。

京劇

京劇是中國的國粹，在世界上享有盛譽。清朝乾隆年間，徽調與漢調傳入北京，這兩個劇種相互融會，並從其他劇種中

中國的傳統

汲取特點，逐漸發展成為一個新劇種——京劇。

臉譜

京劇中的臉譜是從徽、漢、京、昆、梆等地方劇種的表現手法中發展變化而來的，用鮮豔的色彩和規則的圖案，表現人物的性格特徵，使人一眼就能辨出忠奸與善惡。

旦

旦是京劇中的女性角色，分為青衣、花旦和老旦，武戲中還有武旦和刀馬旦。一般青衣以唱功為主，花旦做功、念白的比重較大。

這是京劇《拾玉鐲》裡的花旦孫玉姣，她正在表演穿針引線的動作。

生

生是扮演京劇中男性角色的行當，有老生、小生、武生、紅生和娃娃生等分別。除了紅生和某些勾臉的武生之外，其他都是素臉，也就是內行說的「俊扮」。

淨

淨俗稱花臉，是京劇中那些性格剛烈或粗獷的男性人物。概括的說，淨行可分為正淨、副淨、武淨三大類，其中正淨以唱功為主，又叫「銅錘」或「黑頭」。

兒童百科一本通

丑

戲曲裡那些鼻梁上用白粉塗一個粉塊的角色叫「丑」，也就是小花臉。他們有的狡猾刁鑽、有的邪惡醜陋、有的機智活潑。粉塊的畫法根據形象的需要而有所變化。

場面

京劇的伴奏被統稱為「場面」。按樂器性能分為文場和武場。其中管弦樂隊稱為文場，樂器有京胡、月琴、弦子、嗩吶等；打擊樂隊稱為武場，包括：板鼓、大鑼、鐃鈸、小鑼等。

趣味小知識

行頭

京劇服裝被統稱為「行頭」。這些服裝的式樣繁多，色彩豐富，劃分嚴格。演員如果穿錯了衣服是要被人笑話的。

中國的傳統

梅蘭芳

梅蘭芳（西元1894—1961年），是著名的京劇表演藝術家。他在五十多年的舞臺生涯中精心鑽研，勇於創新，創造許多優美的藝術形象。他創立獨具風格的「梅派」藝術，深受國內外廣大群眾的喜愛。

梅蘭芳在傳統京劇《貴妃醉酒》裡扮演楊玉環。

絲綢與瓷器

中國的瓷器聞名世界，最早的瓷器大約出現在商朝後期，明清時期達到鼎盛。絲綢同樣是中國的國粹，秦漢開始，中國就以盛產薄如蟬翼的絲綢聞名於世，還向西域出口，開闢了著名的「絲綢之路」。

絲綢

中國是世界上最早種桑、養蠶、生產絲織品的國家。早在商朝、西周時期，絲綢的生產技術就已非常高超，把蠶絲紡織成薄薄的織品，深受人們喜愛。直到今天，絲綢仍是人們摯愛的織物。

絲綢之府——杭州

杭州是浙江省的省會，山清水秀，人傑地靈，出產的絲綢品種繁多、質量上乘、色彩瑰麗、織工精細，不但全國聞名，更是世界紡織領域的一朵奇葩，使杭州被冠以「絲綢之府」的美稱。

素紗襌衣

西元1972年—1979年，在湖南省長沙市郊區發掘的馬王堆漢墓中，發現一件絲織襌衣。這件襌衣是用精繅蠶絲織造的，絲縷極細，顯示出西漢時期中國的絲織工藝技術已經非常高超。

經過幾千年，素紗襌衣依然保存完好，可見中國絲織技術的高超。

瓷器

瓷器是中國古代的偉大發明。早在商朝，中國人就開始製作原始瓷器，到明清時期更是達到登峰造極的程度。中國瓷器以青瓷、白瓷和彩瓷為主要品種。這些瓷器深受世界人民的喜愛，大量運銷到世界各國。

中國的傳統

景德鎮

明朝時，江西的景德鎮成為燒製瓷器的中心，生產的瓷器馳名中外，被譽為「瓷都」。這裡生產的瓷器造型輕巧，品種齊全，有三千多種品名。其中白瓷最為著名，有「白如玉，明如鏡，薄如紙，聲如磬」的美譽。

青花瓷花卉紋蓋瓶

四大傳統名瓷

景德鎮的四大傳統名瓷被譽為「人間瑰寶」，它們分別是青花瓷、顏色釉瓷、粉彩瓷和青花玲瓏瓷。其中青花瓷清秀淡雅；顏色釉瓷釉色五彩繽紛，晶瑩奪目；粉彩瓷粉潤柔和，色彩豐富；而青花玲瓏瓷最令人驚嘆，瓷上有許多透亮宛如玻璃的孔洞。

趣味小知識

陶與瓷的區別

陶和瓷都是用黏土燒製而成的，但是陶器在燒製完後沒有上釉，或者只上了一層粗釉，而瓷器一般都精細的上過釉。

民間工藝

中國各民族在長期的庶民生活中，創造許多精巧的工藝美術品，例如：竹編、藍印花布、泥塑、刺繡、蠟染、剪紙等。這些都是根據各地的習俗就地取材，手工製作的。

泥人張的彩塑泥人。

泥人張

「泥人張」是天津著名的泥塑老字號，創始人叫張明山（西元1826－1906年）。泥人張的彩塑泥人選材廣泛，著重寫實，人物表現得極其傳神，在國內外都享有很高的評價。國外遊客到中國旅遊多半會買幾個泥人張的作品帶回去收藏。

風箏魏

「風箏魏」的創始人是清朝同治年間的魏元泰（生卒年不詳）。他製作的風箏造型逼真，色彩明麗，飛行平穩，還有眨眼等特技，在中國獨一無二。他的風箏藝術至今仍廣為流傳。

風箏魏的風箏。

中國的傳統

楊柳青年畫

天津的「楊柳青年畫」至今已有三百多年的歷史。楊柳青年畫色彩豔麗，多用誇張的手法表現喜慶的熱鬧場面，具有濃郁的地方色彩。其中《年年有餘》是楊柳青年畫中最著名的傳統作品。

剪紙

中國許多地方都有剪紙藝術，各地剪紙都有自己的特色，多用來表達喜悅的心情，而屬陝北的剪紙藝術成就最高。陝北「三邊剪紙」是一個著名的流派，作品不但有很高的藝術價值，而且還相當實用。

蘇繡

蘇繡是蘇州地區的傳統民間工藝，早在春秋時期就已出現。蘇繡針法繡製出的形象幾乎可以亂真。蘇繡有單面繡、雙面繡、雙面異形異色繡等種類，其中雙面繡是獨具風格的繡品。蘇繡與湘繡、蜀繡、粵繡並稱為中國四大名繡。

趣味小知識

雙面繡

雙面繡是蘇繡針法的一種，用比頭髮絲還細的細花線，繡成正反兩面顏色、形象、大小、針腳排列完全一致的繡品。

玉雕

　　玉雕是中國傳統的民間工藝。工匠們用各種質地、顏色不同的玉石，雕刻出各式各樣造型精美的器具和工藝品。玉雕是工藝複雜的精細活兒，更是一種藝術創造。

收藏於北京故宮博物院的玉雕青龍竹筒杯。

蠟染

　　蠟染是中國民間的傳統印染工藝，唐朝就已經很盛行，今天在布依、苗、傜等民族中仍然很流行。蠟染是用蠟刀蘸蠟液在白布上描繪圖案，再把布浸入染缸，經過水煮、脫蠟，製成藍底白花的蠟染布。

民間傳統節日

　　中國是歷史悠久的文化大國，許多傳統節日的背後都有深遠的文化內涵，動人的節日傳說中體現著中國人對生活的美好祈願和企盼。

春節

　　春節是中國最重要的傳統節日。每年的農曆正月初一，家家戶戶慶團圓，喜氣洋洋，除舊迎新，一起包餃子、放爆竹、貼春聯，歡度新春佳節。

中國的傳統

元宵節

元宵節又叫上元節。從唐朝開始，每年農曆的正月十五晚上，人們都要吃元宵、看花燈、放煙火。過完這一天才算過完年。

清明節

清明是農曆二十四節氣之一，大約在四月四日或五日。這時候，天氣漸暖，萬物復甦，所以叫「清明」。按民間傳統習慣，這天是掃墓的日子。人們還常在清明節進行踏青活動。

元宵節有觀燈的習俗，小孩都提著小燈籠四處遊玩。

端午節

端午節在農曆的五月五日。傳說，屈原在這一天投汨羅江自殺殉國，當地人民趕緊划船去救他，還把粽子扔到河裡餵魚

趣味小知識

嫦娥奔月

傳說，曾射下九個太陽的神箭手后羿，從西王母那裡要來了長生不老藥。剛好是八月十五那天，他的妻子嫦娥趁他不在偷吃了靈藥，身體變輕，一直飛到月宮（月亮）去了。

，防止魚吃掉屈原的屍體。這就是端午節賽龍舟、吃粽子的由來。

七夕

傳說，每年農曆的七月七日是牛郎、織女相會的日子。到了晚上，所有的喜鵲都飛到銀河上搭起鵲橋讓他們相會。這天晚上，姑娘們會一起在月下向織女乞巧。

中秋節

農曆八月十五日是一年一度的中秋節，也是家人團聚的日子。這天晚上，月亮又大又圓，大家團坐在桌旁一起賞月、吃月餅。古時候還有祭月活動。

月餅是用模具製作出來的。各地的月餅，口味也不相同，其中廣式、蘇式和京式月餅最為有名。

重陽節

重陽節是每年的農曆九月九日，這一天人們有登高、插茱萸、飲菊花酒、吃重陽糕的習慣。這個習俗是從戰國時代開始的。近年來，中國又把這一天定為「敬老節」。

中華美食

中國是一個名副其實的美食之國。由於全國各地的物產、氣候、歷史條

天津十八街桂發祥的麻花酥，又脆又香甜，名揚海內外。

中國的傳統

件和飲食習慣不同，形成種類繁多的中華美食。這些食品都具有濃厚的地域和民族特色。

八大菜系

中國的菜餚各成體系，其中最著名的是八大地方菜系。分別是：魯菜、川菜、淮揚菜、粵菜、閩菜、浙菜、湘菜和徽菜。各大菜系又各有許多自己獨特的名吃名菜。

狗不理包子

狗不理包子是天津「小吃三絕」之首，外觀精緻，鮮香可口。它名字的來歷有一個傳說：創始人高貴友的小名叫「狗兒」，他在做包子的時候專心一致，誰也不理，因此他的包子被叫做「狗不理」。

早已名揚四海的「狗不理」包子，幾乎在中國各大城市都有分店。

北京烤鴨

烤鴨是北京著名的地方風味食品。北京烤鴨以填鴨為材料，講究用梨木炭火烘烤，分為燜爐和掛爐兩種。北京烤鴨吃起來皮薄肉嫩，口味酥香，肥而不膩。

雲南過橋米線

過橋米線是雲南最有特色的小吃，盛滿雞湯的大碗中有一層厚厚的油，可以保持湯的溫度。趁著湯還是滾燙的時候把米線、肉片、菜等加進湯裡燙熟，吃起來異常鮮美。

重慶火鍋

重慶火鍋以麻、辣、鮮、嫩、燙為主要特色。火鍋湯色純正，可分為清湯火鍋、紅湯火鍋和鴛鴦火鍋三大類。在重慶，街頭遍布火鍋店，四季賓客滿座。

蘭州牛肉拉麵

蘭州牛肉拉麵有一清（湯清）、二白（蘿蔔白）、三紅（辣椒紅）、四綠（香菜綠）、五黃（麵條黃亮）五大特點。根據顧客的喜好，麵條可以拉成大寬、寬、細、二細、毛細等各種寬度。

新疆羊肉串

烤羊肉串是新疆最有特色的風味小吃，而今在中國各地都能吃到風味純正的新疆羊肉串。新疆羊肉串以鮮嫩的羊肉為主料，配上純正的調味料，用炭火邊烤邊吃，格外鮮香。

中國的傳統

趣味小知識

臭豆腐

中國許多地方都有出產臭豆腐，而且口味各不相同，但最有名的還是北京、湖南、上海、雲南等地的。

第四節　壯闊山河

長江黃河

長江和黃河是中國最重要的兩條河流。它們發源於中國西部，浩浩蕩蕩奔向中國東部，匯入海洋，沿途流經大半個中國，兩岸景色壯美，資源豐富。長江、黃河也孕育出光輝燦爛的中華文明。

長江從發源地滾滾南下，到達石鼓時陡然急轉，形成一個巨大的「V」字形。

長江源頭

長江發源於青海境內的唐古喇山主峰的各拉丹冬雪山。這座山海拔六千六百二十公尺，冰峰高聳入雲的山體上有許多巨大的冰川，這些冰川成為長江流湧不盡的泉源。

萬里長江第一彎

長江上游的金沙江一路奔騰，穿越於

中國的傳統

崇山峻嶺之間，到雲南麗江的石鼓縣時形成一個一百多度的大拐彎。這個奇特的大拐彎被稱為「長江第一彎」。

趣味小知識

黃鶴樓

黃鶴樓在武漢市的蛇山，就在長江邊上。黃鶴樓是三國時建造的，氣宇軒昂。古代很多詩人都曾到過黃鶴樓，並留下千古名篇。

長江三峽

長江三峽是長江上的瞿塘峽、巫峽與西陵峽的合稱，在重慶市和湖北省之間，是世界上較大的峽谷之一。三峽兩岸懸崖絕壁，江水湍急，水力資源豐富，建有著名的三峽水電站。

黃河

黃河流域是中華文明的發源地，黃河之水孕育了燦爛的華夏文明。中華民族的祖先在黃河的懷抱中繁衍生息，勞動生活，創造出輝煌的古代文明和歷史。中華民

族更是把黃河稱為「母親河」。

壺口瀑布

黃河的壺口瀑布在山西省吉縣境內。這段自北向南流動的黃河水在群山中突遇深溝，形成翻滾咆哮的瀑布。遠遠望去，群山就像一個巨大的壺，源源不斷的往外倒水。

壺口瀑布是黃河唯一的大瀑布。

黃河的泥沙

黃河中下游的河水含有大量泥沙，水質渾黃，所以被稱為「黃河」。黃河的泥沙主要來自流經的黃土高原。泥沙被滾滾河水帶到下游沉積，造成下游河床不斷抬高，高出地平面，形成地上懸河。

五嶽

中國遼闊的土地上有許多雄偉壯麗的山嶽，其中最著名的要數「五嶽」了。五嶽是指東嶽泰山、西嶽華山、中嶽嵩山、北嶽恆山和南嶽衡山。這五座山都曾受過皇帝封禪。

東嶽泰山

泰山為五嶽之首，在山東省泰安市，

中國的傳統

聳立在寬闊的華北平原上，海拔一千五百二十四公尺，與坦蕩的平原相比，顯得十分高峻。歷代有許多皇帝都曾到泰山朝拜、封禪，文人也多薈萃於此，為泰山留下了豐富的文物古蹟。

西嶽華山

西嶽華山在陝西省華陰市，海拔二千一百六十公尺。華山有五座高峰，它們組合起來像一朵「花」，又因為古代「花」與「華」同音，所以取名「華山」。登華山的路相當險峻，為五嶽之最，諸峰之間只有一條路而已，所以有「自古華山一條路」之說。

華山 蓮花峰的一旁是萬丈深淵，這是山石風化崩裂形成的。

趣味小知識

泰山十八盤

登泰山絕非易事。從中天門登泰山，前三公里的路平緩，稱「快活三里」；過後，從開山到南天門全為登山盤道，俗稱「十八盤」。整個十八盤長一千公尺，垂直高度卻有四百公尺，是登泰山的最艱險處。

兒童百科一本通

中嶽嵩山

　　嵩山在河南省登封市境內，由太室山和少室山兩組山峰組成，舉世聞名的少林寺就在少室山中。少林武功是中國武術中最著名的一個流派，少室山的主峰也是嵩山的最高峰，海拔一千五百一十二公尺。

石門是攀登嵩山的必經之路。

南嶽衡山

　　衡山在湖南省衡陽市，海拔一千二百九十公尺。五嶽中，衡山的煙雲最著名，全年有二百五十天都是雲霧彌漫，山峰若隱若現，主峰祝融峰「雲起峰流」的景象更是壯觀。衡山名勝眾多，其中「祝融峰之高，藏經殿之秀，方廣寺之深，水簾洞之奇」，為衡山四絕。

北嶽恆山

　　恆山在山西省渾源縣，海拔二千零一十七公尺，高度在五嶽中位居第二。山腳下的懸空寺是恆山的一大奇景。整個寺院緊貼崖壁，就像懸在半空中。主殿內同時供奉著釋迦牟尼佛、老子和孔子，這種三教同供的現象，十分罕見。

建在恆山懸崖上的懸空寺。

中國的傳統

奇山秀水

中國廣闊的土地上有眾多奇異秀麗、充滿靈性的自然山水，景色優美，風光旖旎，許多保持著完整原始風貌的地方甚至像仙境一樣。

黃山

黃山在安徽省南部，優美的自然風景使明朝地理學家徐霞客不禁發出：「五嶽歸來不看山，黃山歸來不看嶽」的感慨。黃山有四絕：奇松、怪石、雲海和溫泉。黃山的迎客松最為奇特，彷彿從懸崖上探身迎接來客。

站在廬山的含鄱口可以看到壯觀的廬山瀑布。

武夷山

福建省西北部的武夷山向來以「武夷山水天下奇」著稱。峰岩之間蜿蜒流淌著碧綠的九曲溪，人們可以乘坐小竹排在溪中蕩行，欣賞武夷山秀美的風光，飽覽真正的南方山水。

龍首崖是廬山裡最奇特的山崖。

235

廬山

廬山在江西省九江。雖然地處中國最炎熱的長江中游，廬山的夏天卻溫和如春。山中雲霧彌漫，使廬山的風景在不同的季節，從不同的角度看來都不同，所以有「不識廬山真面目」的名句。

桂林山水

古語說：「桂林山水甲天下」。桂林有世界著名的喀斯特地貌（也就是岩溶地貌）景觀，山水相依，奇峰與清澈的河流相輝映，美如畫卷。桂林的山水之間，還有許多瑰麗的溶洞。

九寨溝

九寨溝在四川省的岷山之中，是世界罕見的自然風景區，被譽為「童話世界」。九寨溝的黃龍更是宛若仙境，五彩池中的鈣質沉澱物在陽光照射下呈現出五顏六色，美麗極了。

黃龍的五彩池。

青海湖

青海湖是中國最大的內陸鹹水湖，湖中聳立著六座島嶼。青海湖中盛產鰉魚，為候鳥提供豐富的食物。每到夏天，湖中小小的島上會擠滿黑壓壓的各種候鳥。

中國的傳統

黃果樹瀑布

　　貴州省的黃果樹瀑布是中國最大的瀑布。雨季時，湍急的河水在這裡陡降七、八十公尺，形成八十幾公尺寬的水簾，壯美無比，轟轟的水聲在幾里外都能聽見。

趣味小知識

蘆笛岩

桂林的蘆笛岩是一個地下溶洞，含有碳酸的水溶解了岩石，在滴水的過程中形成鐘乳石或石筍、石柱。洞內的鐘乳石、石筍，瑰麗多姿，被稱為「大自然藝術宮」。

寶島風光

　　當我們從空中俯視中國沿海時，會發現海洋上星羅棋布著姿態萬千的海島，其中海南島是中國最大的海島，守在中國的南方。

鹿回頭

　　鹿回頭是海南省三亞市的一個小島，遠看很像一隻駐足回首的鹿。相傳很久以前，有一位黎族年輕獵人在打獵時救了一隻梅花鹿，這隻鹿變成一個美麗的少女，

237

成了獵人的妻子，並在這裡定居。後來人們就叫這個島為「鹿回頭」。

天涯海角

天涯海角在海南省三亞市。古時候這裡是充軍發配囚犯的地方，人稱「天涯海角」。現在天涯海角是著名的旅遊勝地，海畔沙灘銀白，奇石散布。

天涯海角在海南島的最南端，海灘上有很多奇特的大岩石。

西沙群島

神祕的西沙群島是海南島東南海面上的一連串島嶼。這些島嶼多數是珊瑚島，島上鳥類雲集，水中有五彩的生物，而且海水透明度很好，是潛水觀光的好地方。

西沙群島中的珊瑚島。

日月潭

日月潭在臺灣中部，是臺灣最大的也是唯一的天然湖泊。日月潭中有個小島，以這個島為界，北半湖像一輪太陽，叫日潭；南半湖細長，像上弦月，叫月潭。合起來就叫「日月潭」。

阿里山神木

阿里山是臺灣著名的山脈，群峰聳立，溪壑縱橫，山高林密。阿里山主峰有一

中國的傳統

棵巨大的紅檜神木，已有幾千年的歷史。樹的主幹已經折斷，樹梢的分枝卻蒼翠碧綠。

野柳怪石

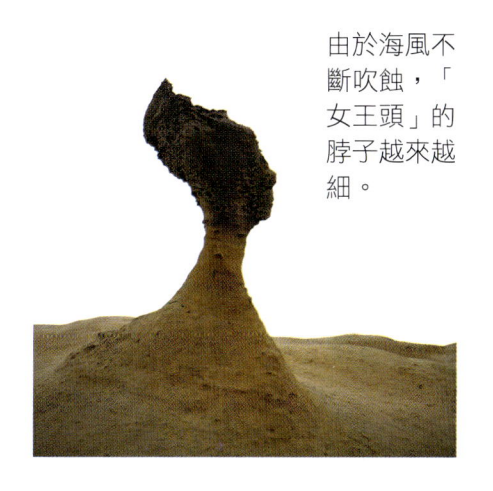

臺灣臺北縣的野柳村是一個伸入海中的山岬，砂岩被海風、海浪長時間侵蝕和風化，形成奇岩怪石。最出名的奇石要數「女王頭」，它的側面就好似一位髮髻高聳、美目遠盼的端莊女王。

由於海風不斷吹蝕，「女王頭」的脖子越來越細。

趣味小知識

釣魚臺

釣魚臺是中國釣魚臺群島中最大的島嶼，在太平洋琉球群島的北面。島上盛產藥材、茶葉、海芙蓉等，附近的海底還蘊藏著豐富的石油。

第五節　珍貴遺產

萬里長城

萬里長城是中國古代用於軍事防禦的偉大工程，西起甘肅嘉峪關，東到鴨綠江，可以說是世界修築史上的一大奇蹟。今天，萬里長城依舊巍然橫臥在崇山峻嶺之間，向世人展示著中華民族的智慧與堅強。

萬里長城是世界歷史上的偉大工程之一，已經被列入《世界遺產名錄》。

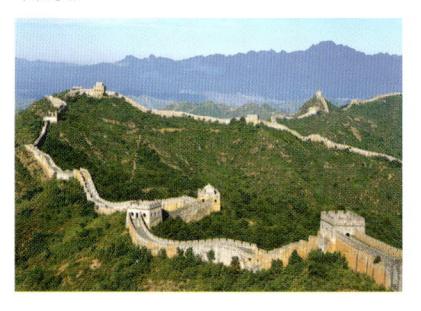

長城修築史

歷史上最早修建萬里長城是在春秋時期。秦始皇統一中國後，把秦、趙、燕三國在北部的長城連接起來，並進行修復擴建，以抵禦北方匈奴進入中原地區。此後，許多朝代都曾經修築過長城。

城牆

萬里長城是由一堵堵城牆連接而成的，因時代、地理位置、施工條件的不同，城牆的結構類型、材料、築法都不同，分別有磚牆、石牆、磚石牆、夯土牆、土石牆等。

240

中國的傳統

天下第一關

山海關在河北省秦皇島市，是萬里長城的重要關口。它與附近的關隘、城堡、墩臺相互配合，構成一道堅固的軍事防禦體系，扼守著中原與東北要衝，是歷代兵家必爭之地，被譽為「天下第一關」。

山海關有著「天下第一關」的美稱。

八達嶺

八達嶺是在北京境內的一段長城。城牆依山而築，氣勢雄偉。這段長城在明、清兩代時，一直是護衛著北京的邊防。

嘉峪關

嘉峪關在甘肅省嘉峪關市，是明朝長城的終點，也是整個長城中規模最宏偉、保存最完整的關城。嘉峪關在祁連山和黑山之間，地勢險要，因此被稱為「邊陲鎖鑰」。

玉門關

玉門關位於甘肅省安西縣，在漢朝時，對其經濟有著重要的作用，也是通往西域的門戶之一，「絲綢之路」就從這個關口通往西域。相傳，西域和闐向漢朝進貢

的美玉就從這裡進入中原，玉門關由此得名。

石窟和壁畫

歷代佛教教徒為了宣揚佛法，在山崖上鑿石建造各種寺廟、佛像以及表現佛教故事的壁畫和石刻，形成石窟藝術。中國有大量石窟精品，例如：龍門、雲岡、敦煌等，工藝的精細可稱得上是奇蹟。

重慶市大足石刻中的寶頂山臥佛。

龍門石窟

龍門石窟在河南省洛陽市，是從北魏到晚唐的四百多年間修鑿的。其中北魏修建的古陽洞、蓮花洞，唐朝修建的潛溪洞、萬佛洞、奉先寺都是很著名的洞窟。

敦煌莫高窟

莫高窟在甘肅省敦煌市，洞窟開鑿在鳴沙山東邊的山崖上。莫高窟從四世紀就開始開鑿，歷經一千多年，共開鑿了千餘個洞窟，保存至今的有四百九十多個。

雲岡石窟

雲岡石窟在山西省大同市的武周山下

中國的傳統

，開鑿於北魏，歷時近五十年。窟龕綿延約一公里，現存主要洞窟五十三個，石像五萬多尊。其中十八、十九、二十窟是雲岡石窟中開鑿最早的，第二十窟更是造型精美，是雲岡石窟藝術的代表作。

麥積山石窟

麥積山石窟在甘肅省天水市的秦嶺西端，石窟分布在山的西崖和東崖。石窟自後秦開始鑿造，前後歷時一千五百多年，造像多為泥塑，是中國保存泥塑最多的佛教藝術寶庫。麥積山石窟還有一千餘平方公尺的壁畫，但多已損壞。

樂山大佛

樂山大佛在四川省樂山市，是唐朝時依凌雲山山崖開鑿而成的。樂山大佛是彌勒佛坐像，高七十一公尺，是世界上最大的石刻佛像，俗稱「山是一座佛，佛是一座山」。

趣味小知識

石雕

敦煌石窟、龍門石窟、雲岡石窟等都是著名的石雕作品群。石雕是中國著名的傳統工藝之一，有青石雕刻、大理石雕刻、漢白玉石雕刻、彩石雕刻等多個種類。

須彌山石窟

須彌山石窟在寧夏回族自治區固原縣的六盤山上，自北魏時期開鑿，現在保存較好的石窟有二十多個。其中第五窟是一個二十公尺高的釋迦牟尼佛坐像，氣度宏偉。

須彌山石窟最著名的釋迦牟尼佛坐像。

永樂宮

永樂宮在山西省芮城縣，是道教全真派的重要宮觀。永樂宮保存有舉世罕見的元朝壁畫，各個殿堂都有精美的壁畫，規模宏大，是世界少有的古蹟。

神聖殿堂

在中國的古代文化中，宗教文化影響深遠。從古至今，中國大地上曾經修建各種宗教廟宇，讓信徒參拜。今天，這些廟宇依然是我們學習建築藝術的範例。

天壇

天壇是中國現存最大的壇廟建築，是明、清兩代帝王祭天、祈穀和祈雨的地方。天壇的主要建築有圜丘、皇穹宇和祈年殿。圜丘和祈年殿建造在南北軸線上，顯

中國的傳統

得莊嚴肅穆。

地壇

地壇在北京安定門外，是明朝和清朝的帝王祭祀地神的地方。每年夏至日的黎明時分，皇帝都在這裡舉行祭禮。現在地壇已經闢為地壇公園。

布達拉宮

布達拉宮在西藏自治區的拉薩市，是中國最著名的藏傳佛教聖地。它是歷世達賴喇嘛的居住地。依山而建的布達拉宮為木石結構，內部有佛殿、經堂、靈塔等建築。

宏偉的布達拉宮。

趣味小知識

天壇圜丘

天壇的圜丘為三層漢白玉石壇，是帝王每年冬至日「大祀」祭天的地方。圜丘的回音現象十分獨特，站在太極石上說話，聲音會顯得格外響亮。

245

岱廟

岱廟就是泰山神廟，在山東省泰山南面的山腳下，是歷代皇帝登泰山封禪的地方。岱廟宮殿式的建築宏偉，有許多相當珍貴的文物和古樹。

佛教四大名山

佛教文化對中國的影響深遠，很多名山上都有著名的佛寺。其中供奉文殊菩薩的五臺山、供奉普賢菩薩的峨眉山、供奉觀世音菩薩的普陀山和供奉地藏王菩薩的九華山最著名，並稱為佛教四大名山。

九華山有九十九座山峰，其中有九座山峰遠望就像並肩站立的九兄弟，所以又叫九子山。

嶗山太清宮

嶗山在山東省青島市的黃海海濱，是中國著名的道教聖地。嶗山道士在民間久負盛名。現在太清宮依然是一個香火旺盛的道觀。

皇家園林

自古以來，中國皇帝都喜歡為自己修建行宮別苑，從秦始皇開始從未改變過。

中國的傳統

可惜這些精美的園林大多已不存在，只有明、清兩代的保存較完好。這些園林不僅規模宏大，而且氣派非凡。

故宮

故宮在北京市中心，是明、清兩代的皇宮。故宮是世界上最大的宮殿，傳說有房屋九千九百九十九間半，還有眾多的花園亭臺。

護城河把故宮與外界隔離開來。

頤和園

頤和園在北京西郊，原名清漪園，是中國現存最精美的皇家園林。萬壽山上的佛香閣和排雲殿是頤和園的主體建築；廣大的昆明湖環繞著萬壽山，湖中長虹般的十七孔橋把湖岸與湖中小島連接起來，形成水繞山、山抱水的優美景觀。

趣味小知識

頤和園長廊

頤和園的長廊舉世聞名，它長七百二十八公尺，共二百七十三間，繞著昆明湖把萬壽山前的各個建築連為一體。廊內的梁枋上一共繪有一萬四千多幅精美的山水、花鳥、人物畫。

圓明園

圓明園在北京西郊，曾經是清朝最美麗、最宏大的園林，被稱為「萬園之園」。西元1860年，英法聯軍把圓明園洗劫一空後，還放火燒毀園子。

圓明園西洋樓就只剩下這些石柱殘跡了。

北海

北海在北京市中心，與中南海只相隔一座橋，是中國現存歷史最悠久、保存最完整的皇家園林。園內有九龍壁、靜心齋、白塔等眾多古蹟。靜心齋曾經是清朝皇子的讀書處。

承德避暑山莊

承德的避暑山莊又稱熱河行宮，在河北省承德市。清康熙年間，為了加強對北部邊疆的管轄，抵禦沙俄入侵，康熙每年北巡一次，為此修建這座行宮，後來成為皇族避暑、秋獵的地方。

外八廟

外八廟建在承德避暑山莊周邊的東部、北面山麓和山梁上，是宮殿式的建築群。原來有十一座寺廟，因為其中八座當年有朝廷派駐的喇嘛，所以叫做外八廟。現在只剩七座。

中國的傳統

外八廟的須彌福壽廟和普寧寺的全景。

私家園林

中國的私家園林最早出現於漢朝，當時的貴族富豪開始修建自家的園林。到明、清兩代，私家園林的建造進入最輝煌的時期，這期間的蘇州、無錫、揚州，出現很多有名的私家園林。

網師園是典型的蘇州住宅園林，非常精巧細緻，在蘇州園林中別具特色。

蘇州拙政園

蘇州拙政園是中國四大古典名園之一，是江南古典園林的代表作。這個園子始建於三國時期，後來的主人王獻臣又大加修葺，取晉朝潘嶽《閒居賦》中的「拙者之為政」句意為園名。建築大多面水而築，具有濃厚的江南水鄉特色。

249

蘇州獅子林

蘇州獅子林距今已有六百多年的歷史，是元朝園林的代表。因為園中竹林怪石像獅子，而且園中正宗寺天如禪師的師父得法於浙江天目山獅子岩，所以把園子取名為「獅子林」。

上海豫園

上海豫園是明朝四川布政使潘允為奉養父母而修建的園林，有「豫悅父親」的意思，所以取名「豫園」。豫園中的各種裝飾、雕塑極其別緻。明朝江南疊山名家張南陽製作的假山是整個園子最著名的景觀。

蘇州退思園

蘇州退思園在蘇州吳江市同里鎮，是清朝官員任蘭生的宅院。他被革職還鄉後，建造這座園子，取名「退思園」。園子依水而建，西面為園林，東面為住宅。

趣味小知識

太湖石

在中國園林的造景中，太湖石是很重要的小品。太湖石取自太湖，經過長年湖水衝擊，石頭呈現各種不同造型。「瘦、皺、漏、透」是太湖石的重要特點。

中國的傳統

蘇州留園

蘇州留園曾幾易主人，清朝歸劉蓉峰所有，俗稱「劉園」，後改為「留園」。園中的建築形式和山水樓閣的布局多保存著明朝的風格。園中有眾多的亭臺樓閣，素有「大觀園」之稱。

東莞可園

可園在廣東省東莞市，規模雖然不大，但景物雅致，用假山、亭、臺、橋、閣構造富於變化的景觀，相當精巧。可園還「借景」外面的田園風光，更加是別出心裁。

留園和頤和園、避暑山莊、拙政園並稱為中國四大園林。

古城和古村落

隨著文明的發展和進步，中國各族人民開始在各個美麗的地方聚居、建村、建城。直到今天，這些古城和古村依然保留著往日的風采，吸引著無數世人前來領略個中韻致。

樓蘭古城

神祕的樓蘭古城在新疆塔里木盆地的羅布泊窪地中。樓蘭於西元前 176 年建國

，是西域的繁華地區，曾有一段燦爛的文明。但樓蘭在建國八百年後，突然消失，至今謎底還未解開，吸引著無數的探索者前去追尋。

蘭溪諸葛村

在浙江省蘭溪市西郊有個諸葛村，因諸葛亮子孫世代群居此地而得名，聚居著上千戶諸葛姓氏的人家。八卦形布局是諸葛村與眾不同的地方。

諸葛村中心有一個「鍾池」，村中住宅環池而建。

平遙古城

山西省的平遙古城是保存最完整的中國古城，晚清時是全國最發達的金融城市。六百多年來，古城的布局基本沒變，保存完好的漢族古民居建築群。

趣味小知識

麗江古城

雲南省 麗江古城是宋末元初建造，在明朝末年已經很繁榮。五彩條石鋪成的石板路，清一色的木結構瓦房，城後雪白的玉龍雪山，純樸獨特的納西風情，讓人流連忘返。

中國的傳統

安徽宏村

安徽省黟縣有一個牛狀村落叫做宏村。一條被稱為「牛腸」的清溪環繞全村，進入村中各家各戶，「牛胃」則是一個半月形的池塘。這種設計不僅滿足村民的用水之便，還發揮了衛生用水和調節氣候的作用。

客家土樓

客家人是從黃河流域遷到南方的漢人。他們建起圓形、方形、五角形等各種形狀的土樓。這種樓防震、防盜，能夠很好的抵禦外敵入侵。

土樓是一個封閉的集體住宅，住在裡面的人全是同宗。

許國石坊

安徽省歙縣有很多牌坊，其中「許國石坊」是最著名的。它是八角牌坊，歷史上只有皇帝才可用八角的，在民間實在罕見。現在許國石坊已經成為國家級保護文物。

礦產資源

中國的礦產資源種類比較齊全，很多礦產都可以自給自足，而且還有許多礦產的儲量居世界前列或首位。中國對礦產資

源的開發和利用很早就開始了，在明朝時曾處於世界先進行列。

內蒙古稀土礦

稀土是稀土元素的簡稱，廣泛運用於彩色電視機的螢光幕、電腦、磁浮列車等技術領域。中國是稀土儲量最豐富的國家，內蒙古白雲鄂博礦是世界最大的稀土礦山，儲量幾乎占世界總儲量的一半。

箇舊錫礦

雲南省箇舊縣的錫儲量非常豐富。這是中國最早用機器開採的錫礦，也是中國最大的錫礦區。箇舊因此有「錫都」之稱，全球聞名。

箇舊錫礦多為砂礦，而且多在山上，人們就用高壓水力採礦。

青海鉛鋅礦

鉛、鋅礦是中國儲量較豐富的礦產之一，青海省的鉛、鋅礦儲量居於中國首位。雖然青海有豐富的鉛、鋅礦資源，但後備資源不足，勘察和開採都比較緩慢。

江西鎢礦

中國是世界上鎢礦儲量最多的國家，也是鎢礦最主要的出口國。江西省是中國最主要的鎢礦區，有「鎢都」的美稱。江西的鎢礦遍布全省，其中香爐山鎢礦是江西最大的礦床。

中國的傳統

青海萬丈鹽橋

青海省的察爾汗鹽湖是中國最大的鹽湖，蘊藏著大量的氯、鉀、鎂等礦產。鹽湖的大部分覆蓋著堅硬的鹽殼。從敦煌到格爾木的公路，其中有三十二公里是用鹽鋪造的，被稱為「萬丈鹽橋」。青藏鐵路也有一段築在鹽湖上，舉世罕見。

克拉瑪依油田

克拉瑪依油田在新疆維吾爾自治區克拉瑪依市。盛產石油，是中國的內陸大油田之一，而且石油品質好，伴生天然氣儲量也很高。

和闐美玉

新疆維吾爾自治區和闐出產的玉石，是中國出產各類玉石中的佼佼者，有「和闐美玉」之稱。出產的羊脂玉更是玉中之王，多年來一直被海內外人士視為珍寶。

和闐出產的這座玉山，重五千多公斤，據說是世界上最大的玉件。

趣味小知識

不夠分配的資源

中國許多資源的總量居於世界前列。但是，由於人口眾多，各種資源的人均占有量卻排在世界的最後幾位，所以合理開發利用資源很重要。

野生動植物

中國地域遼闊，自然環境多種多樣，為野生動、植物的生長、棲息和繁衍提供了有利條件。據統計，中國有二萬七千多種植物，野生動物不下幾十萬種，有許多還是中國獨有的，可以說是世界上動、植物資源較豐富的國家之一。

大熊貓

大熊貓是中國特產，也是國寶，更是世界聞名的珍稀動物，在中國也只棲息於四川、陝西和甘肅的高山竹林中。大熊貓長得憨厚可愛，喜吃冷箭竹和大箭竹等。

滇金絲猴

滇金絲猴數量稀少，只生活在雲南和西藏大雪山地區。牠們的身體幾乎全是黑色的，而幼猴卻全身白色。最奇特的是滇金絲猴的鼻梁凹陷，鼻尖上翻，鼻子朝前，形成仰鼻。

滇金絲猴是中國珍稀動物。

中國的傳統

朱鷺

朱鷺是一種美麗的鳥，是世界上非常稀有的鳥類。全身羽毛雪白，只有翅膀和頭部是粉紅色，額頂和頰部裸露著朱紅色的皮膚。現在中國只有陝西還有。

朱鷺在樹上活動，卻到地下取食。

白鱀豚

白鱀豚是鯨類家族中的一員。白鱀豚只產於中國，主要在長江的中、下游地區。牠們的外形優美，背部呈淺灰藍色，腹部潔白，就像水中仙子。

珙桐

珙桐也叫「鴿子樹」，是中國特有的植物，分布在湖北、四川、雲南等地。珙桐花形狀很奇特，兩個白色苞片就像展翅飛翔的鴿子翅膀，因而得名鴿子樹。

趣味小知識

保護野生動植物

隨著社會經濟的飛速發展，人類在不斷的擴大自己的活動範圍，同時也破壞許多野生動植物的生存環境，現在有許多野生動植物都瀕臨滅絕。為了讓它們能更好的生存下去，中國已經建立各種野生動植物保護區。

紅豆杉

紅豆杉是中國特有的一種植物，它的小樹枝在秋天會變成黃綠色或淡紅褐色。紅豆杉的葉片呈兩列排列，外形像鐮刀；果實呈卵形，紅得晶瑩剔透，非常可愛。

金花茶

金花茶是山茶的一種，相當稀少，只分布在廣西南部的一些陰溼山溝中。金花茶的花瓣呈金黃色，還有蠟質光澤，11月開花，可持續開花四個月至五個月，素有「茶族皇后」的美稱。

盛開的金花茶。

多樣的世界

第四章　多樣的世界
第一節　世界各大洲

認識世界

我們生活的地球被一層薄毯似的氣體包裹著，它大部分被海水覆蓋，包括人類在內的所有生命體都生活在陸地上、水裡和空氣中。認識我們多樣的世界，首先就從下面的內容開始吧！

南美洲厄瓜多爾的基多赤道紀念碑，是世界上最精確的赤道標誌。

大洲

地球表面四分之一以上的地方被陸地覆蓋著，地球上七個最大的陸地區域被稱為大陸，這些大陸經過幾百萬年，分裂成今天的大洲。地球上一共有七個大洲。

趣味小知識

認識方向
看地圖時，首先要學會在地圖上辨認方向。全世界的地圖都是遵循上北、下南、左西、右東的標準來繪製的。

259

經線和緯線

在地圖冊和地球儀上有許多規則的橫線和豎線，與赤道平行的線叫緯線，與赤道垂直的線叫經線。有了經線和緯線，人們就可以很方便的確定方位。

大洋

地球表面被水覆蓋的廣大地方，大約占地球面積的十分之七，它們相互連接著，這些包圍了大洲的水域就是大洋。地球上共有四個大洋。

本初子午線

西元 1884 年，經過英國格林威治天文臺的子午線被確定為全球的時間和經度計量的標準參考子午線，現在這裡還保留著一條鑲嵌在大理石中間的銅線，兩邊分別標著「東經」和「西經」。

英國 格林威治天文臺的本初子午線。

時區

時區的劃分是以本初子午線為標準，從西經 7.5° 到東經 7.5° 劃為中時區，再分別向東、西每隔 15° 劃一個時區，東、西各十二個時區，東、西十二時區重合，全球共二十四個時區。

260

多樣的世界

我們的世界

世界上有一百多個國家，有不同種族、膚色、信仰、說著不同語言的人群；分布著各種森林、山川、湖泊、海洋；還有深藏在地下的各種礦藏。

分布不均的人口

世界上大約有六十億人口，主要受自然條件和社會經濟條件的影響，分布很不均勻。其中亞洲東部和南部、歐洲及北美洲東部的人口較為稠密。

悠久的歷史

人類擁有悠久的歷史。在世界的不同地區，偉大的先民創造不同的文明，把人類社會引向光輝的現代。悠久的人類歷史顯示著人類自身的不斷進步。

英格蘭南部的巨石陣是一處至今尚未揭開謎底的古代遺跡。

多樣的語言

世界上的居民由於人種、地域、習俗、環境和歷史等原因，形成不同的語言。據統計，世界上共有三千～四千種語言。

變化萬千的氣候

地球上的氣候種類很多，大致可以分為熱帶、溫帶、極地、大陸性、海洋性、季風性、地中海、雨林、沙漠、草原等氣候類型。具體地區的氣候常常是多種條件綜合作用的結果。

豐富的資源

世界上的各種資源非常豐富，深埋地下的礦藏、茂密的森林、充沛的水力等，都是人類的巨大財富。但是這些資源的分布極其不均衡。

世界的環境

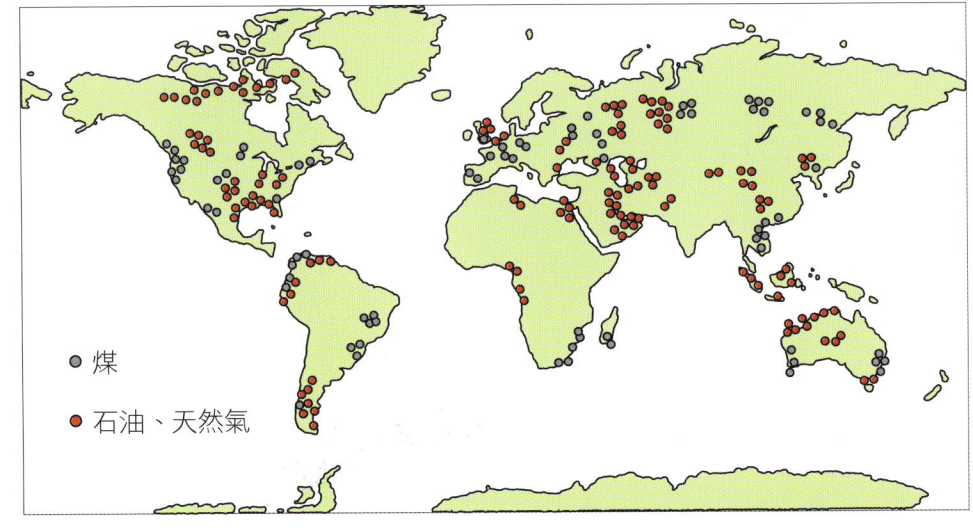

自然環境是我們賴以生存的基礎。面對日益受到破壞的海洋、空氣、森林，我們要合理的開發利用，走可持續發展的道路。

世界煤、石油、天然氣的分布

多樣的世界

「日出之地」——亞洲

亞洲全稱亞細亞洲，是世界第一大洲。古希臘人稱自己國家以東的地方為「亞細亞」，這在古敘利亞語中是「日出之地」或「東方」的意思。這塊富饒的土地是古文明的發源地之一，也是亞歐大陸的主體。

高麗參

高麗參專指朝鮮半島出產的人參。野生人參對環境的要求很高，因此十分稀少，是珍貴的藥用植物。朝鮮族人民經常飲用高麗參茶，對身體很好。

哭牆

在耶路撒冷有一堵著名的巨石老城牆——哭牆。這堵牆原來是猶太神廟的西牆，戰亂中只有它殘存下來。流散世界各地的猶太人都來這裡睹物追思，為自己民族的命運痛哭祈禱。

浮腳樓

在馬來西亞的鄉村，傳統的浮腳樓建築隨處可見。這種房子全用木材建成，屋

猶太人常聚集在這面牆下哭泣祈禱，「哭牆」的名字就是這樣來的。

263

兒童百科一本通

頂鋪上樹葉，使屋裡保持涼爽。整個屋子被高高的木柱支起來架在空中，可以防潮、防蛇和防蟲。

新幹線

日本的高速鐵路系統——新幹線，是日本現代化的一個標誌。在新幹線上行駛的列車很像子彈頭，它們以每小時三百公里的速度高速前進。

西元1964年，日本開通世界上第一條高速鐵路，從富士山腳下飛馳而過的新幹線列車，代表著日本列車的發展水平。

世界最高峰

珠穆朗瑪峰位於中國和尼泊爾交界的喜馬拉雅山脈中，海拔八千八百四十八公尺，是世界最高峰。山上終年白雪皚皚，在珠穆朗瑪峰上，風速高達每小時一百五十公里。

恆河沐浴

在印度教教徒的心目中，恆河是神聖的河流，他們深信在恆河中沐浴可以洗淨穢語、謊言、盜竊、盲從、貪欲等十種罪惡。沐浴時，教徒口唱真言，渡河十次，向恆河神頂禮膜拜。

波斯地毯

紡織業是伊朗的傳統手工業，地毯紡織的歷史悠久。伊朗出產的地毯被稱為波

斯地毯，色彩鮮豔，圖案極富曲線美，是伊朗很有代表性的出口商品，深受人們喜愛。

「櫻花之國」：日本

日本是個面積狹小的島國，因為南部有許多櫻花，又被稱為「櫻花之國」。日本有很多名勝古蹟，也有許多現代化的大都市，是世界上經濟發達的國家之一。

「萬島之國」：印尼

印度尼西亞簡稱印尼，是橫臥在亞洲和大洋洲、太平洋和印度洋之間的「萬島之國」，也是世界上最大的群島國家。印尼有很多民族，每個民族都有自己獨特的傳統風俗。

趣味小知識

亞洲檔案

國家和地區數目：四十八個　　最高點：珠穆朗瑪峰
面積：約四千四百萬平方公里　　最低點：死海
人口：約三十六億六千萬　　　　最長的河流：長江
最大國家：中國　　　　　　　　最大的湖泊：裏海

「千佛之國」：泰國

泰國以前被稱為暹羅，泰國在泰語中的意思是「自由之國」。泰國有許多的佛寺，大象的數量也是亞洲最多的，所以泰國又有「千佛之國」、「大象之邦」的美稱。

帕阿查那大佛坐像是泰國最大的佛像。

「萬塔之國」：緬甸

緬甸在東南亞中南半島西北部，周圍與中國、泰國、印度接壤。緬甸是佛教國家，無論在城市還是鄉村，佛教和寺廟都是緬甸人生活的重心。如果把緬甸的佛塔排成一行，可長達一千五百公里，所以緬甸又有「萬塔之國」的稱謂。

趣味小知識

中國的鄰國

國土遼闊的中國有許多鄰國，陸上與朝鮮、俄羅斯、哈薩克斯坦、塔吉克斯坦、吉爾吉斯斯坦、蒙古、阿富汗、巴基斯坦、印度、尼泊爾、錫金、不丹、緬甸、老撾和越南為鄰。

多樣的世界

地跨亞歐的土耳其

土耳其的國土跨越亞、歐兩大洲，就像一座連接亞歐大陸的橋梁。氣候宜人，風景優美，有很多歷史遺跡。土耳其人信奉伊斯蘭教，他們的生活習慣和歐洲人接近，但是，東方文化對他們的影響也很深。

土耳其西北端的特洛伊古城遺址附近，有一匹根據傳說製造的特洛伊木馬。

「獅城」：新加坡

新加坡在馬來半島的最南端，馬來語中「新加」是「獅子」的意思，奇怪的是它的國土形狀也很像獅子，所以新加坡被稱為「獅城」。新加坡是多民族的國家，世界上的主要宗教在這裡都有信徒。

新加坡的標誌──魚尾獅聳立在新加坡河口上。新加坡的錢幣上也有這個圖案。

「油氣大國」：伊拉克

伊拉克在亞洲的西南部，地下儲藏著豐富的石油和天然氣，它是世界上較大的石油輸出國之一。國內的經濟也是以石油和天然氣工業為支柱的。

「日落之地」——歐洲

歐洲是歐羅巴洲的簡稱。「歐羅巴」來自於閃語，意思是「日落的地方」，與「亞細亞」遙相對應。歐洲整體的經濟水平比其他洲高出許多，科學技術和文化藝術等方面，也在世界遙遙領先。

英國倫敦大本鐘樓高九十七公尺，鐘體重二十一噸。

第一個君主立憲國

西元 1688 年，復辟的斯圖亞特王朝國王威廉與資產階級的臨時議會確立了世界第一個君主立憲的政治體制，國王不再有絕對的統治權力，但還是國家的象徵、名義上的元首。

鐘錶王國

鐘錶工業是瑞士的傳統工業，已有五百多年的歷史，一直保持著世界領先地位。瑞士因此被稱為「鐘錶王國」，所生產的高級手錶在國際上久負盛名。

愛菲爾鐵塔

愛菲爾鐵塔高三百零一公尺，是法國巴黎的象徵，也是法國人民的驕傲。它像一個巨人高高聳立在巴黎市中心，乘坐電

多樣的世界

梯直達塔頂後,能夠欣賞到整個巴黎的景致。

愛菲爾鐵塔塔身總重九千噸左右。

比薩斜塔

義大利的比薩斜塔是一座由白色雲石建成的圓柱形建築,在建造過程中因地基沉陷而出現傾斜。1350年完工後傾斜度仍在不斷加劇,成為聞名全球的建築奇觀。

義大利比薩斜塔的塔頂中心已偏離垂直中心線5.2公尺。

布魯塞爾廣場

比利時的布魯塞爾廣場是歐洲優美的廣場之一。歐洲哥德式、文藝復興時期及路易十四王朝時期的建築精華都曾集中在這裡。

水上家園

義大利北部的威尼斯是一個美麗的城市,有人說,它建築在最不可能建造城市的地方。這座建築在水上的城市,開門見水,出門乘船,是世界上唯一沒有汽車的城市。

269

諾貝爾獎

西元 1896 年，瑞典化學家諾貝爾在逝世前立下遺囑，用自己的遺產建立和平、文學、物理學、化學、生理學或醫學等五個獎項，後來又增加經濟學獎，每年頒獎一次。諾貝爾獎已成為國際最高的榮譽。

趣味小知識

歐洲檔案

國家和地區數目：四十四個
面積：約一千零一十六萬平方公里
人口：七億三千萬
最大國家：俄羅斯
最高點：厄爾布魯斯山
最低點：里海北部沿岸低地
最長的河流：伏爾加河
最大的湖泊：拉多加湖

「低窪之國」：荷蘭

荷蘭在歷史上被稱為「尼德蘭」，意思是「低窪的國家」。荷蘭整個國家幾乎全是平原，地勢低窪。荷蘭人民一直和低地積水做奮鬥，建造各種水利工程，創造「堤堰之國」的奇蹟。

荷蘭 海牙有運河直接通往首都阿姆斯特丹。

多樣的世界

「萊茵河明珠」：德國

萊茵河畔的德國是個發達的工業國家，有許多著名的城市，大多數人生活在城市中。德意志民族是一個善於思考的民族，出過康德、黑格爾、馬克思等著名的哲學家。

「天主教聖地」：梵蒂岡

梵蒂岡是羅馬的城中之國，雖然面積只有 0.44 平方公里，卻是天主教教皇的所在地，因此成為全世界天主教徒的精神中心。

趣味小知識

高福利高稅收：瑞典

瑞典是世界上福利最高的國家，公民享受全免費的教育和幾乎免費的醫療。在享受高福利的同時，瑞典公司和公民交納的稅收也是世界上最高的，收入越高，納稅率越高。

「海員國」：希臘

希臘在巴爾幹半島的南端，愛琴海、伊奧尼亞海和地中海包圍著希臘的東、西、南三個方向。獨特的地理位置使希臘人自古就善於航運，有「海員國」之稱。在這裡發源的希臘文化是整個西方文明最重要的源頭。

科林斯運河是希臘航運的重要水道。

「音樂之邦」：奧地利

奧地利是一個山地國家，首都維也納從十八世紀起就一直是世界級的音樂之都。幾百年來，天才輩出，群星雲集。維也納的新年音樂會已成為世界音樂盛典之最。

「魅力之國」：西班牙

西班牙地處伊比利半島，是歐洲陽光充沛的地區之一。明媚的地中海，俊美的比利牛斯山，加上激烈、刺激的傳統鬥牛活動和活力四射的佛朗明哥舞使西班牙散發出無窮魅力。

「雙頭鷹之國」：俄羅斯

俄羅斯的遼闊疆土橫跨亞歐大陸，瀕臨十二個海，面向三個大洋。它雖然有遼闊的亞洲部分，卻是傳統的歐洲國家。俄

272

多樣的世界

羅斯的國徽上有一隻雙頭鷹，象徵著俄羅斯對亞洲和歐洲的同等重視。

「灼熱的地方」——非洲

非洲是阿非利加洲的簡稱，在拉丁語中的意思是「陽光灼熱的地方」。這裡是古代文明的搖籃之一，有著燦爛悠久的歷史文化。非洲物產資源豐富，也是野生動植物的天堂。

埃及古王國法老圖坦卡蒙的黃金面具。

撒哈拉沙漠

撒哈拉沙漠在非洲的北部，占非洲大陸面積的三分之一，是世界上最大的沙漠。沙漠中植物稀少，炎熱乾旱，人跡罕見，但有許多石油、天然氣等豐富的地下資源。撒哈拉沙漠的面積在逐年擴大，防止沙漠化是非洲各國目前所要面臨的難題。

盛裝的酋長

非洲一些國家的部落酋長是部落的統治者。酋長的穿戴、佩飾看起來像國王一樣，非常華麗富貴，這些服飾顯示著酋長與眾不同的尊貴地位。

千塔之城

埃及的首都開羅歷史悠久，尼羅河從

市中心緩緩流過，為開羅注入不朽的活力。開羅號稱「千塔之城」，四百多個清真寺遍布全城，塔尖直沖雲霄。

木乃伊

木乃伊是用塗敷香料的方法保存下來的乾屍。古埃及人相信人死後靈魂還會繼續存在，並能在三千年後和肉體融合重生，因此製作木乃伊是古埃及非常重要的風俗。

經過幾千年時間，木乃伊仍然保存完好。

趣味小知識

非洲檔案

國家和地區數目：五十六個　　最高點：乞力馬札羅山
面積：約三千零二十萬平方公里　最低點：阿薩勒湖
人口：七億八千萬　　　　　　　最長的河流：尼羅河
最大國家：蘇丹　　　　　　　　最大的湖泊：維多利亞湖

多樣的世界

騎在鴕鳥背上

在南非，鴕鳥經常被當做坐騎，民間還有騎鴕鳥的比賽。騎在一隻訓練有素的鴕鳥背上快速奔馳，是一件既驚險又開心的事。

非洲木雕

非洲人非常喜愛木雕。非洲的木雕帶有一種原始的稚拙，造型生動、栩栩如生，有一種大自然的靈性，是非洲人們生活的反射。

金合歡樹

金合歡樹是非洲的「藥樹」。它全身散發著強烈的胡椒味，樹皮的氣味最濃。土著用剝下的樹皮製成草藥治療腹瀉、牙疼、發燒和瘧疾等許多疾病。

「尼羅河的贈禮」：埃及

埃及是尼羅河的贈禮，也是世界四大文明古國之一。以金字塔和獅身人面像為象徵的古埃及，曾經是最輝煌的人類文明。遺憾的是，這些已經湮滅在歷史遺跡中，如今生活在這片土地上的是信仰伊斯蘭教的阿拉伯人。

「綠金之國」：加蓬

非洲中西部的加蓬共和國屬赤道雨林氣候，全國有四分之三的土地被熱帶雨林覆蓋著，有「綠金之國」的美稱。加蓬獨

275

立後，經濟發展非常迅速，其中採礦業是加蓬的主要經濟支柱。

「石頭城」：辛巴威

辛巴威位於非洲大陸東南部，夾在贊比西河和林波波河之間，因此被稱為「河間地帶」國家。資源豐富，土地肥沃，氣候終年如春。辛巴威在班圖語和當地紹納語裡意為「石頭城」，紹納人遺棄的「石頭城」至今還在這個國家。

茅屋旅館是辛巴威當地的一大特色。

「乾旱與饑荒」：非洲

非洲是一個缺糧的大陸。乾旱的氣候、增長過快的人口，再加上動盪的政局，使非洲經常面臨饑荒的威脅。許多經濟不發達的地區，只能依靠國際援助來渡過難關。

「東非十字架」：肯亞

肯亞在東非的高原上，赤道橫貫國土中部，著名的東非大裂谷貫穿南北，把整個肯亞劈成兩半，恰好又與赤道交叉，因此人們稱它為「東非十字架」。肯亞的氣候溼潤溫和，是天然的動物園和種植園。

大象等野生動物在肯亞的國家公園中得到很好的保護。

276

多樣的世界

「橄欖油之邦」：突尼斯

突尼斯是北非面積最小的國家，境內遍布著腓尼基、迦太基、羅馬、拜占庭、阿拉伯等各個時期的文物古蹟。突尼斯還是世界橄欖油的主要生產國之一，所以又有「橄欖油之邦」的美稱。

「鑽石之國」：南非

南非共和國在非洲大陸的最南端，是非洲經濟最發達的國家。這裡的金剛石儲量占世界的四分之一，被稱為「鑽石之國」。南非的好望角航線是溝通印度洋和大西洋的要道。

「非洲之角」：索馬利亞民主共和國

非洲東部的索馬利亞民主共和國因為處在印度洋和亞丁灣之間三角形陸地的尖上，常被叫做「非洲之角」。索馬里的國民大多數是遊牧民族，平均每人擁有一頭駱駝，是名副其實的「駱駝國」。

「新大陸」——美洲

美洲的全稱是亞美利加，這裡地域廣闊，資源豐富。美洲以巴拿馬運河為界，分為南美洲和北美洲。西元 1497－1503 年，義大利航海家沿南美洲大陸航行，便用「新大陸」命名整個大陸。

277

奧爾梅克文明

西元前 1250 年左右，在今天墨西哥聖洛倫索高原上，出現奧爾梅克文明。但西元前 300 年左右，奧爾梅克文明衰落中斷。可是它開創的許多傳統都被中部美洲各文明繼承下來。

拉什莫爾山

美國的拉什莫爾山上雕刻著美國四位前總統華盛頓、傑弗遜、羅斯福和林肯的巨大頭像。石像的造型生動的反映這四位總統的性格特徵。

遊客們只能在拉什莫爾山山腳下的景觀台瞻仰頭像。

印第安古文明之花

玉米被稱為「印第安古文明之花」，是印第安文明輝煌燦爛的物質基礎。古老的印第安人在四千年前就培植出玉米，哥倫布發現新大陸時，把玉米的種子帶回歐洲。從此，玉米在世界各地廣為栽種。

多樣的世界

祕魯的另類至寶

祕魯的海岸線很長，每年這裡魚群密集，吸引來大量飛鳥，出現無數的「鳥島」，島上覆蓋著幾十公尺厚的鳥糞。這些鳥糞被大量開採作為肥料出口。世界環境惡化後，這裡鳥的數量也減少了很多。

哈瓦那雪茄

古巴的哈瓦那雪茄被稱為世界上最優秀的雪茄。肥沃紅土孕育出的上好菸草和完美的捲菸工藝，讓古巴捲菸工藝出了全球最好的雪茄。有一種超長雪茄更是卡斯楚總統饋贈外國元首的高級禮品。

多倫多電視塔

多倫多電視塔高五百三十三公尺，是世界上最高的建築物，也是世界建築史上的奇蹟。站在塔頂彷彿置身於雲中，可以極目遠眺現代城市風光和安大略湖的湖光山色。

高聳的加拿大多倫多電視塔是世界上最高的「空中瞭望臺」。

兒童百科一本通

巨大的太陽門高三公尺，寬將近四公尺。

太陽門

秘魯太陽島上的太陽門是印加文化的遺跡，門楣上雕刻著充滿象徵意義的浮雕。最神奇的是每逢9月21日，太陽的第一道金光就會從門正中射入。

楓葉之國：加拿大

加拿大盛產楓樹，最著名的一種楓樹叫「糖楓」，可熬製香甜的「楓糖漿」。美麗的紅楓和可口的楓糖名揚世界，成為

每當秋天氣溫降低的時候，楓葉就開始變紅，分外鮮豔。

趣味小知識

美洲檔案

國家和地區數目：三十五個
面積：約四千二百二十萬平方公里
人口：七億七千四百萬
最大國家：加拿大

最高點：阿空加瓜山
最低點：死谷
最長的河流：亞馬遜河
最大的湖泊：蘇必利爾湖

多樣的世界

加拿大的象徵，因此，加拿大常被稱為「楓葉之國」。在加拿大的國旗、國徽上都有紅楓葉。

美國

美國的國土幾乎橫跨整個北美洲大陸。兩百多年前的美國還是一個殖民地國家，而今已成為世界強國，經濟和科技在世界上都遙遙領先。

「南美大牧場」：阿根廷

阿根廷的居民，主要是義大利人和西班牙人的後裔，他們仍然保持著歐洲的生活習俗。阿根廷的潘帕斯草原水草豐盛，牛羊成群；阿根廷出產的小麥和畜牧產品遠銷世界各地，是名副其實的「南美大牧場」。

「仙人掌之國」：墨西哥

仙人掌是墨西哥的國家標誌之一，墨西哥有一千多種仙人掌。墨西哥人民把仙人掌當做勇敢、頑強、不可征服的民族象徵。所以，墨西哥的國旗、國徽和錢幣上都繪有仙人掌的圖案。

「狂歡節之鄉」：巴西

巴西地處赤道附近，氣候終年溫暖溼潤，地球上最大的熱帶雨林——亞馬遜雨林就在這裡。巴西水力資源豐富，是世界著名的農業大國。巴西還是世界上所公認的

「狂歡節之鄉」，巴西的狂歡節被譽為「地球上最偉大的表演」。

新生的古巴

古巴是一個美麗的國度，富饒的紅土地上出產最好的菸草和甘蔗；古巴先後經歷過西班牙殖民者、美國控制獨裁政權的壓迫。但這一切並未妨礙重獲新生的古巴成為今天令世界矚目的國家。

科科瓦多山頂的耶穌雕像，俯視著里約熱內盧的發展建設。

趣味小知識

唐人街

中國的華人分布在世界各地，而且許多華人還集中居住在一個固定的地區。華人在這裡保持著傳統的生活習慣，外國人把這種地區叫做「唐人街」。

多樣的世界

「銅礦之國」：智利

以盛產銅和硝石聞名世界的智利常被稱為「銅礦之國」。北部沙漠地區還出產硝石，是世界上最大的硝石產區。此外，還有鐵、煤、銀以及林木等豐富的資源。

「火山島國」：多明尼加

多明尼加是個火山島國，坐落在美洲海地的東部，被稱為「加勒比海的奇蹟」的濤沸湖就在多明尼加南部的山谷中。這裡不僅有西半球最古老的城市，還有許多現代化的藝術館、美術館。

智利北部乾旱地帶難得一見的地熱噴泉。

「大洋中的陸地」——大洋洲

大洋洲的意思就是「大洋中的陸地」，是太平洋西南部和赤道南北海域中一塊孤立的大陸。這裡有豐富的礦產和舉世無雙的地下水資源。

樹袋熊和袋鼠都是大洋洲的珍貴動物。這個路牌告訴遊客，這裡有樹袋熊和袋鼠經過，行車要注意。

283

幾維鳥（鷸鴕）

在紐西蘭的國徽、硬幣上都印有幾維鳥圖案。

幾維鳥是紐西蘭的國鳥，是一種無翼鳥，沒有尾巴，外形就像一團多毛的大皮球。嘴很長，像一隻長長的鉤子，這是牠最重要的特徵，而且牠的嗅覺也特別的敏銳。

四季颱風的首都

威靈頓是紐西蘭的首都，是由英國人創建的。它瀕臨海洋，時常受到海風的襲擊。一年中大部分日子都颳風，所以有人叫它「風城」。這個城市非常有特色，到處能看見樸素大方的木頭房子。

雪梨歌劇院像風帆，像貝殼，還像什麼？

多樣的世界

雪梨歌劇院

雪梨是著名的國際都市，這個城市的象徵是舉世聞名的雪梨歌劇院。歌劇院像多層重疊的巨型風帆，它的音響、舞臺、燈光效果都是世界上最好的。

肥沃的綠洲

大洋洲擁有水草肥美、牛羊成群的綠洲。馬蘭比季灌區是澳大利亞最肥沃的地區，也是大洋洲的糧倉，這裡的水果更是世界聞名。

海蒂基

大洋洲的毛利人通常在胸前掛一種叫「海蒂基」的玉雕人像。四方形的頭，大圓圈的眼睛裡面嵌著貝殼，樣子誇張古樸

趣味小知識

大洋洲檔案

國家和地區數目：二十四個
面積：約八百九十七萬平方公里
人口：約三千萬
最大國家：澳大利亞

最高點：查亞峰
最低點：北艾爾湖
最長的河流：莫索河
最大的湖泊：北艾爾湖

。它既是一種飾物，又是毛利人信仰和崇拜神的形象。

彩繪木鼓

巴布亞新幾內亞有一種木鼓是用樹幹刨制而成的，上面雕出許多花紋並且繪製豔麗的圖案。這種木鼓除了用於各種祭祀和娛樂活動之外，有時還可以用來傳遞資訊。

「世界樂園」：塔希提島

大洋洲的波里尼西亞群島有兩千多個島嶼，其中最大的是塔希提島。島的形狀像一條漂浮在大海裡的魚。它是一座火山島，島上景色優美，四季如春。

畫家高更在名畫《塔希提》中表現的塔希提山水，色彩非常鮮豔。

「騎在羊背上的國家」：澳大利亞

澳大利亞在南半球的大洋洲，是一片古老的土地。四萬年前，這裡就有土著居住。兩百多年前，英國探險家發現這塊土

多樣的世界

地後，移民逐漸增多。澳大利亞有「騎在羊背上的國家」和「坐在礦車上的國家」的美稱。

「無癌國」：斐濟

斐濟共和國由八百多個分布在太平洋上的島嶼和珊瑚礁組成，這裡擁有豐富的水中生物和熱帶森林。當地人的壽命很長，至今未發現癌症患者，是名副其實的「無癌國」。

「天堂鳥之鄉」：巴布亞新幾內亞

巴布亞新幾內亞是僅次於格陵蘭島的世界第二大島。世界上的天堂鳥多數分布在這裡，當地人相信牠是神鳥，並把牠繪在國旗上。島上氣候溼潤，高溫多雨，占人口大多數的原住民仍保留著古老的生活方式。

高地人喜歡把自己裝扮成天堂鳥。

趣味小知識

碰鼻禮

毛利人熱情好客，他們的待客方式非常特別。由族裡德高望重的人和客人碰鼻子，碰的時間越長表示受到的禮遇越高。

「麥哲倫的發現」：關島

麥哲倫在航海時發現關島，它位於西太平洋馬利安納群島的南端，是通向密克羅尼西亞的門戶。島上居民的收入主要依靠旅遊業和這個島上美國空軍基地的對外開放。

「磷酸鹽之國」：瑙魯

瑙魯只是太平洋上的一個橢圓形珊瑚島，是世界最小的島國。島上厚六至十六公尺的磷酸鹽礦給這裡帶來巨大的財富。島上的農產品十分有限，主要是椰子，幾乎所有的食物都依靠進口。

「碧海翠島」：紐西蘭

紐西蘭是南太平洋上景色如畫的島國，又稱「畜牧之國」、「綠色花園之國」。紐西蘭地廣人稀，自然景觀優美，海灘、雪山、原始森林和廣闊的紐西蘭牧場構成了南半球最美的景致。

多樣的世界

第二節　無限風光

高聳的山峰

　　山是高出周圍地面的一種地形，在許多地方，山與山會連接在一起，成為綿延千里的山脈。世界上有許多高聳入雲的大山，或秀美，或奇險，它們都是大自然的傑作，也是許多人想要征服的地方。

喜馬拉雅山

　　喜馬拉雅山是世界上最雄偉高大的山脈，綿延起伏在亞洲的中國、巴基斯坦、尼泊爾和印度等國的境內，山頂終年冰雪覆蓋，壯麗無比。珠穆朗瑪峰是它的最高峰，也是世界第一高峰。

富士山

　　富士山是日本最高的山峰。它是一座圓錐形的火山，山頂終年積雪，潔白晶瑩，和山腳下盛開的櫻花相互映襯，被日本人奉為「聖山」，也是日本民族的象徵。

阿爾卑斯山的馬特峰像刀鋒一樣，是歐洲山峰的代表性景觀之一。

阿爾卑斯山脈

　　阿爾卑斯山脈是歐洲最高大的山脈，綿延經過法國、義大利、瑞士、德國和奧

地利，長一千二百公里。整座山脈山勢雄偉，山脈之中有許多冰川形成的湖泊，有些山峰終年積雪。

庇里牛斯山脈

庇里牛斯山脈是阿爾卑斯山的西南延伸部分，東西橫貫法國和西班牙。它的山峰海拔一般多在兩千公尺以上，峰頂多有冰川覆蓋。這裡是冬季旅遊和滑雪的好地方。

高加索山

高加索山是亞洲和歐洲之間的山脈，橫貫在黑海和裡海之間，也是亞洲和歐洲的分界線。高加索山是由大、小高加索山脈所組成的，全長一千二百公里，最高峰是厄爾布魯斯山，海拔五千六百四十二公尺。

趣味小知識

洛磯山下的「珍珠」

洛磯山是北美洲重要的山脈，在加拿大境內的山腳下有聖路易斯湖、莫蘭湖、大奴湖、穆斯湖等許多珍珠般的碧湖。這些湖各有特點，與洛磯山共同構成畫一般的景色。

多樣的世界

洛磯山

洛磯山是北美洲西部的山脈，全長四千八百公里，是北美洲最重要的氣候分界線和河流分水嶺。山脈有許多座高峰，許多峰頂終年白雪皚皚，其中最高峰埃爾伯特山海拔四千三百九十九公尺。

安地斯山脈

安地斯山在南美洲西部，縱貫南美洲南北。山脈大部分的山峰海拔在三千公尺以上，許多高峰超過六千公尺，山頂終年積雪。安地斯山多地震、多火山，其中阿空加瓜山是世界上最高的死火山。

安地斯山全長八百九十九公里，是世界上最長的山脈。

奔騰的河流

世界上有無數河流，有著名的大河，也有無名的小溪；有的浩浩蕩蕩，有的一瀉千里。這些奔騰不息的河流既是人類所賴以生存的水源，也是哺育人類文明的搖籃。

世界第一長河：尼羅河

尼羅河是埃及的母親河，它不僅為埃

及人帶來水源，而且它每年一度的氾濫，為沿岸的土地帶來豐富的腐殖質。古埃及文明就是有了尼羅河賜予的這片沃土才得以出現的。

亞馬遜河

亞馬遜河長六千四百四十公里，位居世界第二。由於地處赤道附近多雨地區，水量終年充沛。亞馬遜河源頭至河口間的落差不大，河床深、寬而且平坦，流速很慢，非常適宜航運。

在熱帶雨林間蜿蜒的亞馬遜河，是世界上流域面積最廣的河流。

密西西比河

發源於美國西北部的密西西比河被稱為「老人河」，印第安人稱它為「河流之父」。它是北美洲最長的河流，也是世界第四長河。密西西比河是美國內陸的水路交通動脈。

趣味小知識

三角洲

在河流的入海口處，由於河流對泥沙的搬運和堆積作用，大多形成面積很大的三角洲。三角洲的土地都非常肥沃。

多樣的世界

萊茵河

萊茵河發源於瑞士境內，全長一千三百二十公里，是德意志民族與文化的發源地。萊茵河也是歐洲繁忙的水道之一，與多瑙河、塞納河相通，共同構成了歐洲大陸最龐大的水上運輸網。

萊茵河流經歐洲最發達的地區，博得「黃金水道」的美譽。

多瑙河

多瑙河是歐洲第二大河，發源於德國境內，全長二千八百五十公里。多瑙河幾乎全程都可以通航。目前歐洲已經開鑿了多條運河，使多瑙河與萊茵河組成橫貫歐洲中部的航運大動脈。

塞納河

塞納河是法國北部的主要河流，流經巴黎盆地，全長七百七十六公里，最後注入英吉利海峽。塞納河孕育了燦爛的法國文化。巴黎城也是依著塞納河所建立起來的。

伏爾加河

伏爾加河是俄羅斯國土的歐洲部分內最長的河流，是俄羅斯的主要河運水路，有「五海之河」的美稱。伏爾加河注入里

海，著名的烏魚子醬就是里海出產的鱘魚魚子製作而成的。

平靜的湖泊

湖泊是陸地上天然積聚的水體，是人類寶貴的水資源，也是人類主要的交通通道之一，湖泊周圍往往成為經濟發達的地區。湖泊就像一個個鑲嵌在陸地上的鏡子，點綴著我們美麗的星球。

死海

死海在以色列、約旦和巴勒斯坦三國的交界處，是世界上鹽含量最高的天然湖。水中沒有任何生物，沿岸也幾乎不能生長植物，所以稱它為「死海」。但是人卻可以在死海上自由漂浮。

死海中鹽含量很高，浮力很大，人可以躺在海中看書。

貝加爾湖

貝加爾湖在俄羅斯境內，是世界上最深、蓄水量最大的淡水湖。湖的四周群山環繞，湖中有二十七個島嶼，湖水非常清澈，可以看見湖面以下四十公尺的景象。

多樣的世界

日內瓦湖

日內瓦湖在瑞士日內瓦市的近郊，湖面像新月，顏色湛藍，湖水從東向西流動，終年不凍。日內瓦湖是阿爾卑斯山脈最大的湖泊，平靜的湖面和遠方高聳的勃朗峰輝映出日內瓦的寧靜與和平。

里海

里海是世界上最大的湖泊，也是世界上最大的鹹水湖，湖中經常狂風大作。里海是歐洲主要的航道，通過伏爾加河和運河，可以與白海、波羅的海、黑海、亞速海聯運。

五大湖

五大湖是世界上最大的淡水湖群，在北美洲的中東部地區、美國和加拿大之間，從西向東依次為蘇必利爾湖、密歇根湖、休倫湖、伊利湖和安大略湖。五大湖是北美洲內陸重要的漁業區。

趣味小知識

死海不死

死海的平均深度為三百零一公尺。近一萬年來，由於蒸發量加大，而每年的降水又很少，造成死海的鹽度非常高，海水的密度大大高於人自身的密度，人在死海中無論如何也不會沉下去，所以說「死海不死」。

兒童百科一本通

的的喀喀湖

的的喀喀湖位於祕魯和玻利維亞兩國交界處的高原，它是世界上最高的淡水湖。生活在這裡的烏羅人，用這裡特產的香蒲蓋茅屋、做生活用品，還用香蒲編織成特別的草船，作為交通工具。

編織香蒲船用的香蒲是生長在的的喀喀湖淺水處的一種植物。

聳立的島嶼

浩瀚的海洋上聳立著一座座大小不等、風光各異的島嶼。島嶼的種類很多，由於地面局部下沉形成的是大陸島，由珊瑚蟲分泌的石灰質形成的是珊瑚礁，由火山噴發形成的是火山島。

克里特島

克里特島是希臘最大的島嶼，也是離希臘本土最遠的一個島。這裡是古老的文化中心，是地中海文明的發源地之一。曾經建立過米諾斯王朝，並留下世界聞名的邁錫尼遺址。

克里特島上的白色建築能反射強烈的陽光，保持室內涼爽。

多樣的世界

夏威夷群島

夏威夷群島在太平洋上，由一百三十二個大小島嶼組成，是火山噴發形成的。夏威夷群島是世界上最多姿多采的群島，有熱帶海濱和火山奇觀。1959年成為美國的第五十個州。

火地島

智利的火地島是世界上最靠近南極大陸的一片陸地。冬季，來自南極海面，夾雜著雪花的凜冽寒風，猛烈拍擊著島嶼的海岸。夏季，島上溫和宜人，偶有狂風，警示著火地島與狂風肆虐的南極洲相隔不遠。

格陵蘭島

格陵蘭島在北冰洋和大西洋之間，幾乎全在北極圈內，是世界上最大的島。冰川和白雪是這個島的最大特色，島上的大部分地方被冰雪覆蓋著，冰層厚達二千三百公尺，僅次於南極大陸。

格陵蘭島的居民一年有二百六十天是在極晝與極夜之中度過的。

冰島

冰島在大西洋和北冰洋的格陵蘭島之間，非常靠近北極圈，是歐洲第二大島。

297

兒童百科一本通

冰島是世界上火山活躍的地區之一，有三十座活火山，還有很多地熱、間歇性噴泉、火山口等。

模里西斯島

模里西斯島在印度洋西南部，是島國模里西斯的一個主要島嶼。島上風景秀麗、火山熔岩廣布，周圍被珊瑚礁團團圍住，只有島嶼西北處有一個天然出入口，這個出入口是全國唯一的一個港口。

趣味小知識

北極雪屋

北極雪屋是格陵蘭島因紐特人的住宅。他們居住的地區長期寒冷，終年被冰雪覆蓋著。所以他們用雪磚疊成圓形屋頂，再在屋頂下挖個大坑，雪屋就造成了。這種雪屋使用壽命很短，只有兩個月左右。

壯闊的瀑布

瀑布是江河、溪流從懸崖上傾瀉而下形成的，就像一幅巨大的「水簾」，這個水簾被懸崖上的岩石切割成不同形狀。世界上有各式各樣讓人驚嘆的瀑布，例如：

多樣的世界

安赫爾瀑布、莫西奧圖尼亞瀑布和尼加拉瓜瀑布等。

袋田瀑布

袋田瀑布是日本三大瀑布之一，位於茨城縣久慈川的中游、瀨富士山和月居山之間。瀑布分四段從險峻的山體中飛奔而下，落差一百二十一公尺，寬七十六公尺，又稱為「四度瀑布」。

圖蓋拉瀑布

非洲的圖蓋拉河上游峽谷深邃，有非洲落差最大的瀑布——圖蓋拉瀑布。它總落差九百四十八公尺，由五級組成，最大的一級落差四百一十一公尺，景色雄偉，氣勢磅礴。

趣味小知識

瀑布漂流

尼亞加拉河浩浩蕩蕩的在伊利湖的崖壁上直落，形成壯觀的尼加拉瓜瀑布。瀑布被用來發電，也有一些勇敢者乘坐木桶從瀑布上漂流下來，嘗試瀑布漂流的驚險與刺激。

莫西奧圖尼亞瀑布

　　莫西奧圖尼亞瀑布在非洲贊比西河中游，是世界上較大的瀑布之一；瀑布落差一百零六公尺，寬約一千八百公尺。河水從懸崖上傾瀉而下，水流湍急，聲響如雷；水霧飛濺，經常會出現絢麗的彩虹。

尼亞加拉大瀑布

　　尼亞加拉河從伊利湖流向安大略湖，洶湧澎湃的河水穿過尼亞加拉陡崖時形成壯觀的尼加拉瓜大瀑布。瀑布分兩段，左邊屬加拿大，寬七百九十三公尺；右邊屬美國，寬三百零五公尺。

氣勢磅礴、聲震如雷的尼加拉瓜大瀑布。

伊瓜蘇瀑布

　　伊瓜蘇瀑布是世界五大瀑布之一，位於伊瓜蘇河的下游。這段河水順著馬蹄形峽谷直瀉而下，奔流的河水被凸出的岩石切割成大大小小二百七十多個瀑布。峽谷頂部是瀑布的中心，水流最大、最猛，人稱「魔鬼喉」。

多樣的世界

安赫爾瀑布

安赫爾瀑布在委內瑞拉的丘倫河上，是世界上最高、落差最大的瀑布。這個瀑布是多級瀑布，總落差九百七十九公尺，最高一級為八百零七公尺，隱藏在高山密林中，是美國人安赫爾發現的。

安赫爾瀑布隱藏在密林深處，只有坐飛機才能一睹它的雄姿。

自然奇觀

大地經歷數億年的運動，滄海桑田，變化萬千。面對無數的自然奇觀，我們不得不欽佩自然力量的偉大。今天，我們要更好的保護大自然，珍惜自然賜予我們的一切。

堪察加火山群

俄羅斯堪察加半島的堪察加火山群是世界上最大的火山群，最著名的克柳切夫火山就在島的最高處。島上有幾百處噴泉和溫泉，還有聞名於世的死亡谷，谷裡常年彌漫著有毒的薄霧。

三色湖

印尼的三色湖是三個火山湖，左邊的湖水呈紅色，右邊呈碧綠色，而後面的湖水呈淡青色。湖水呈現不同顏色是因為水中所含的礦物質不同。

這三個相連的火山湖是佛羅斯島最著名的旅遊勝地，關於這三個湖還有許多神奇的傳說。

東非大裂谷

東非大裂谷深一千至二千公尺，全長六千多公里，是世界上最大的裂谷。非洲海拔四千五百公尺以上的高峰和大部分湖泊都集中在這裡，成為東非高原上的一大美景。

非洲屋脊──乞力馬札羅山

乞力馬札羅山是一座活火山，聳立在平坦的東非大草原上，終年積雪的山頂在雲霧中若隱若現。山下是一望無際的熱帶草原，有許多珍稀的動植物在這裡繁衍生息。

科羅拉多大峽谷

科羅拉多大峽谷是由多個迂迴曲折的山峽和深谷組成的，峽谷兩岸是紅色的巨岩斷層。這些紅色的岩石和土壤在不同強度陽光的照耀之下，還會呈現出不同的顏色。

多樣的世界

艾爾斯巨石

艾爾斯巨石在澳大利亞的中部，占地 8.8 平方公里，高三百三十五公尺，是世界上最大的一塊岩石。因為艾爾斯巨石含有豐富的鐵，所以它的顏色會隨著陽光照射角度的變化而不斷改變。

艾爾斯巨石被當地的土著看成是神的象徵。

大堡礁

大堡礁是澳大利亞的自然奇觀，是世界上最美的珊瑚礁群。這裡有三百五十多種珊瑚，五顏六色的魚兒成群結隊的在珊瑚礁周圍遊動，讓大堡礁充滿神祕色彩。

趣味小知識

驚人的侵蝕

風、水和冰對地面都會有強烈的侵蝕和磨損，科羅拉多大峽谷就是被急速奔流的科羅拉多河從六百萬年前開始逐漸侵蝕形成的。

國家公園

出於不同的目的，許多國家在政府規定的大片土地上建立國家公園，用來保護那些有價值的動植物和自然景觀。有的國家是出於歷史原因，有的則是為了科學研究。美國是世界上第一個建立國家公園的國家。

卡蓋拉國家公園

盧旺達的卡蓋拉國家公園占了全國土地面積的十分之一，是野生動物的天堂。獅子、河馬、大象、羚羊等動物在這裡自由的生活繁衍。

洛磯山脈國家公園群

包括賈斯帕、班夫、約霍、庫特奈等國家公園的洛磯山脈國家公園群，是世界上最大的國家公園。高聳的山脈、繁多的野生動植物、多姿多采的地貌都聚集在這裡，洛磯山的風采更是獨樹一幟。

美國黃石國家公園

位於美國西部懷俄明、蒙大拿、愛達荷三州交界處的黃石國家公園，是世界上第一座以保護自然生態和自然景觀為目的建立的國家公園。整個公園分為五大區，著名的黃石瀑布、老忠實噴泉都在裡面。

多樣的世界

紅杉樹國家公園

　　紅杉樹國家公園在美國加利福尼亞州西北的太平洋沿岸，園內有世界上面積最大的紅杉樹林。公園是西元1968年正式設立的，主要是為了保護珍貴的紅杉樹。

阿根廷冰川國家公園

　　在阿根廷的安地斯山脈南段有一座冰川國家公園。自北而南的多座山峰是園內許多冰川的發源地，東部湖泊星羅棋布，是多條冰川的匯聚地。

委內瑞拉卡奈瑪國家公園

　　卡奈瑪國家公園是委內瑞拉最大的自然保護區，這裡河流交錯、高山和懸崖林立，是典型的原始熱帶森林。世界上落差最大的安赫爾瀑布就在這裡。沼澤、瀑布、河流、懸崖形成這裡壯美的景觀。

澳大利亞卡卡杜國家公園

　　澳大利亞的卡卡杜國家公園保存著罕見的澳大利亞原始生態系統。裡面有獨具特色的植被群、動物群、溼地資源和土著的文化遺產。

黃石國家公園的晨榮池是一處地熱噴泉。

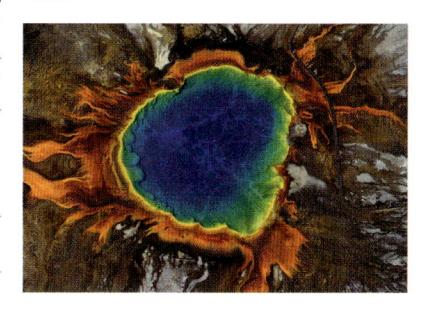

冰川上的冰壩塌崩時，聲音震耳欲聾，景象壯觀無比。

兒童百科一本通

卡卡杜國家公園為野生動植物提供良好的棲息環境。

趣味小知識

老忠實噴泉

老忠實噴泉是美國 黃石公園的標誌，它是一個地熱噴泉。這個噴泉每隔六十五分鐘噴發一次，每次持續四到五分鐘，多年來一直準時無誤。

多樣的世界

第三節　燦爛的文明

古代文明

人類在生產、生活中用自己的勤勞、智慧，勇敢不斷的創造眾多的文明成果。尤其是在大河的兩岸，聚集大多數的古代文明。今天我們面對這些文明古蹟時，仍然會發出由衷的感嘆。

古巴比倫文明

流經伊拉克的底格里斯河和幼發拉底河孕育出璀璨奪目的巴比倫文明。巴比倫人發明泥板書和楔形文字，有發達的科學、數學和天文學。「巴比倫空中花園」還是世界七大奇蹟之一。

古巴比倫空中花園遺址。

古印度文明

印度的古文明主要集中在印度河流域，那裡擁有水平很高的城市規畫和建築。古印度人在文學、哲學和自

古印度 莫臥兒王朝的宮殿。

307

然科學等方面對人類文明也做出獨創性的貢獻。阿拉伯數字實際上就起源於印度。

古希臘文明

古希臘文明是世界古文明之一，早在舊石器時代，古希臘就出現了人類活動的痕跡。後來又出現著名的愛琴海文化。不朽的古希臘宗教、文學和藝術，更有如亞里斯多德一類的智者，使古希臘文明成為歐洲文明的源頭。

古羅馬文明

歐洲的亞平寧半島上，古羅馬人在古埃及文明的基礎上建立自己的文明。羅馬帝國曾經統治亞、歐、非三大洲的土地，創造雄偉的建築、燦爛的文學、完備的立法和社會制度。古羅馬文明達到古典時代的最高峰。

古印加文明

美洲中南部安地斯山脈中，印加人創造印加文明。傳說印加人是太陽神之子，信仰太陽神並且嗜血，擅長飼養羊駝、種植馬鈴薯。

古馬雅文明

在古代文明史上，美洲馬雅文明似乎是從天而降，卻又在最輝煌繁盛之時戛然

神祕的馬丘比丘，深藏在安地斯群山中，古印加文明的城堡就建在這裡。

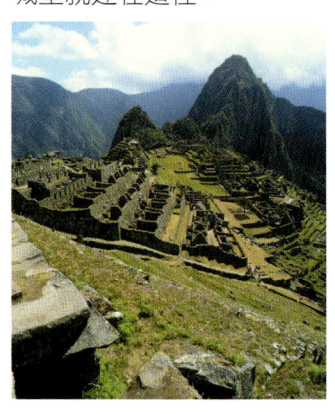

多樣的世界

而止。他們有著無與倫比的數學造詣，獨特像謎一樣的文字，曆法可以沿用到四億年以後，還擁有精美絕倫的雕刻、繪畫和青銅藝術。

古埃及文明

　　古埃及文明出現在尼羅河流域，有古老的象形文字、高超的天文曆法、建築技術和其他先進的技術，金字塔成為整個埃及文明的象徵。

文化遺址

　　古代的人類創造了燦爛的文化，留下了許多文化遺址，依舊向人們講述著往日的輝煌。今天我們仍可以從這些古遺址中探索歷史的足跡。

雅典衛城

　　雅典衛城是雅典衛城山上的一系列神廟構成的建築群，主要由帕提儂神廟、伊瑞克提翁神廟等組成。遭到多次破壞後的遺跡依然讓人震撼。

西元1987年，雅典衛城被聯合國教科文組織列入《世界遺產名錄》。

309

金字塔

　　金字塔是古埃及文明的標誌之一，是古埃及法老的王陵，分為墓下和墓上建築兩部分。金字塔用巨石疊成，結構非常穩固，因為形狀像漢字的「金」字，所以叫「金字塔」。

競技場

　　羅馬競技場是當時羅馬皇帝為了紀念征服耶路撒冷而建。分四層，可容納八萬七千名觀眾，是古羅馬帝國的象徵。

阿布辛貝神殿

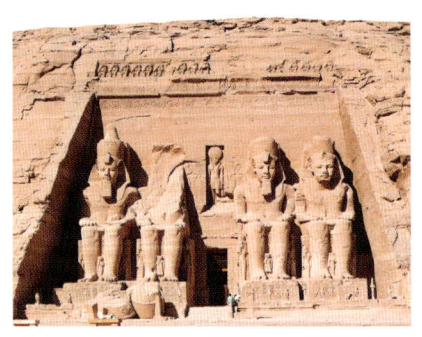

　　埃及阿布辛貝神殿的殿門兩旁有四座巨大的拉穆斯二世坐像，每年3月21日拉穆斯二世生日和9月21日他的加冕日時，陽光可以通過洞口直射到殿內的神像和他本人的雕像上。

阿布辛貝神殿中的拉穆斯二世面容安祥，目視前方。

趣味小知識

納斯卡穀巨畫

祕魯的納斯卡穀中有好些奇特的「巨畫」。這些畫由深度一致、寬度不等的溝組成，有鳥、魚、蜥蜴等各種圖案。這些畫平地看不見，只有在高空中或朝陽的照耀下才能見到。

多樣的世界

墨西哥庫庫爾坎神廟

墨西哥的庫庫爾坎神廟供奉「羽蛇神」庫庫爾坎。每年春分和秋分的日落時，北面階梯邊緣在陽光照射下，形成的陰影會接上底部雕刻的蛇頭，宛若一條巨蛇從塔頂游向大地，象徵著羽蛇神在春分時甦醒，爬出廟宇；秋分則倒過來，象徵著羽蛇神回到神廟。

世界的謎題──復活節島

復活節島是太平洋上的一座孤島。島上有許多用黝黑的岩石雕鑿成的無腿半身人像。這些石像高五到十公尺，有些石像還戴著巨大的紅色石帽。這些石像的來歷，至今無人知曉。

復活節島上共有近千尊巨大的石像，最大的重達一百噸。

人類的信仰

早期人類無法解釋各種自然現象，他們把這些歸結是神的行為，於是出現了最

早的崇拜和信仰。隨著社會的發展，為了尋求安慰和關懷，在不同的種族和地區出現了不同的宗教信仰。

佛教

佛教與基督教、伊斯蘭教並稱為世界三大宗教。相傳是古印度的王子喬答摩·悉達多創立的。今天流傳於斯里蘭卡、緬甸、泰國、中國、日本等地的佛教，在發展中有所分化，所以各有許多經典著作流傳於世。

東正教

東正教是基督教的分支，不承認羅馬的教皇是基督教的首腦。西元1054年，基督教東西兩派正式分裂，由於「正教」以東部為主，又叫東正教。東正教主要分布在希臘、俄羅斯等地區。

基督教

相傳，基督教起源於一世紀，是基督創立的。基督教信仰上帝，認為人有原罪，只有信仰上帝才能得救。中世紀時，基督教成為歐洲封建社會的精神支柱，主要分布在歐、美、大洋洲各國。

這種聖遺物箱是基督教教徒祭祀的物件之一。

多樣的世界

伊斯蘭教

伊斯蘭教是七世紀初阿拉伯半島的麥加人穆罕默德創立的。「伊斯蘭」在阿拉伯語中是表示「順服」的意思，表示要順服阿拉的旨意。他們信奉《可蘭經》，伊斯蘭教是地跨歐、亞、非三大洲的世界性宗教。

猶太教

猶太教是猶太人信奉的宗教，相信唯一的真神「雅赫維」。教義規定週六為安息日，禁止崇拜偶像，禁止教徒與未受割禮的人通婚等。現在猶太教隨著猶太人的散落而傳播到世界各地。

巴哈教

巴哈教是世界上獨立宗教中最年輕的一員。它的創立者巴哈歐拉，他所訓示的核心主題是全人類是同一族，要推翻種族、階級、教條等。全球大約有四百萬巴哈教教徒。

趣味小知識

對牛的崇拜

印度教教徒對牛很崇拜，他們認為牛是神聖不可侵犯的。他們禁止殺牛，不吃牛肉、不使用牛皮製品。所以在印度到處可見悠閒散步的牛。

印度教

印度教又叫「新婆羅門教」，西元八、九世紀後流行於印度。它信奉善惡有因果、人生有輪迴之說。主要在印度和亞洲、非洲等一些地區傳播。

印度 克久拉霍古蹟中的印度教廟宇建在高高的基座上，都是鑿雕而成的。

宏偉的教堂

人類有著不同的信仰，在歐洲和美洲，許多人都信仰基督教或天主教，他們常去的地方就是教堂。教堂並不僅是宗教的象徵，除進行各種宗教活動外，還是人們舉行婚禮或葬禮儀式的地方。

科隆大教堂

德國的科隆是一個歷史悠久的城市，這裡有一座舉世聞名的科隆大教堂，它是科隆的標誌。因為它的標誌性作用，科隆市政府規定市內的建築不能高於它。所以城內的不少建築地面部分不高，但地下卻有四、五層樓深。

科隆大教堂花了六百三十二年才建好。

多樣的世界

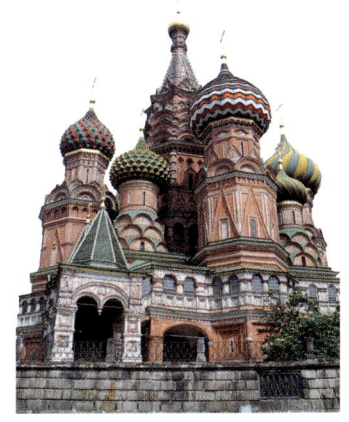

神聖家族教堂
　　神聖家族教堂是西班牙較大的教堂之一，也是世界上富有傳奇色彩的建築之一，遠遠看去它就像一座神話中的古堡。這座教堂從西元 1882 年開始建造，經歷整整一個世紀，至今也沒有完工。

巴黎聖母院
　　巴黎聖母院是巴黎最古老的天主教堂，建造這座哥德式的大教堂花了近兩百年的時間。

聖瓦西里教堂
　　聖瓦西里教堂在俄羅斯的莫斯科，是沙皇伊凡戰勝韃靼人後下令建造以為紀念的。八個色彩鮮豔的洋蔥形穹頂圍繞著中央主塔。當時這座教堂的顏色只有白色，現在已經是色彩斑斕了。

聖瓦西里教堂有九個塔樓。

趣味小知識

聖者瓦西里
聖瓦西里教堂的名稱是用聖者瓦西里的名字命名的。據說他敢於直言，連沙皇伊凡都敢批評，而伊凡也不敢懲罰他。

佛羅倫斯大教堂

佛羅倫斯大教堂建於西元 1296 年，是義大利的建築瑰寶。它的外牆是用黑、綠、粉紅色條紋的大理石砌成的。站在八十四公尺高的鐘樓頂上，佛羅倫斯的風光盡收眼底。

梵蒂岡聖彼得教堂

聖彼得教堂是義大利文藝復興時期著名建築家、藝術家米開朗基羅等人的傑作，是世界上最大的教堂。它的穹頂有一百三十八公尺高，為了顯示教皇的尊嚴，羅馬所有的建築都不許超過這個高度。

西敏寺大教堂

西敏寺大教堂在英國議會廣場的南側。從空中俯瞰，教堂的平面就像一個巨大的十字架。教堂裡埋葬著二十多位英國國王，牛頓、達爾文等許多名人也長眠在這裡。

祈禱的地方

不同的民族、歷史、地域、文化，造就了不同的崇拜和信仰。各地的宗教信徒們建造了眾多的廟宇、神殿，用來祈禱和供奉他們所崇拜的神靈，於是就有了這些風格獨特的祈禱之地。

多樣的世界

泰國玉佛寺
玉佛寺是泰國大王宮的一部分，建於西元1784年，是泰國曼谷王族供奉玉佛像和舉行宗教儀式的地方，周圍還有多尊金佛，異常莊嚴。

吳哥窟
吳哥窟隱藏在柬埔寨潮溼的雨林裡，是世界上最大的宗教建築，裡面有許多雕像、庭院和畫廊。主殿建在三層金字塔形的臺基上，臺上有五座蓮花蓓蕾形的聖塔。

吳哥窟的浮雕內容都是印度著名史詩中的神話。

婆羅浮屠塔
「婆羅浮屠」在梵文中的意思是「山丘上的佛塔」。印尼的婆羅浮屠塔是世界上較有影響的佛教寺廟之一。

日本金閣寺
金閣寺是日本久負盛名的廟宇，座落在日本京都的一個小湖上。寺共有三層，第一層為法水院；第二層為潮音洞，供奉著觀世音；第三層是佛堂，供奉著三尊彌陀佛。

金閣寺因為寺的外牆上貼了一層金箔而得名。

317

仰光大金塔

仰光大金塔是緬甸最著名的廟宇，它高約一百公尺，塔身貼滿了一千多張金箔。相傳裡邊供奉著佛祖釋迦牟尼的八根頭髮。

藍色清真寺

伊斯坦堡的蘇丹艾哈邁德清真寺，是奧圖曼帝國時期的藝術珍品。大廳的地面上鋪滿了紫紅色的土耳其地毯，四壁鑲著兩萬多塊藍色瓷磚拼成的各種圖案，所以又叫「藍色清真寺」。

岩石圓頂寺

耶路撒冷的岩石圓頂寺是伊斯蘭教清真寺。它的外觀呈正八角形，上面布滿玻璃瓷磚，圓頂被24K純金覆蓋著，在陽光下璀璨奪目。

趣味小知識

代表聖山的塔

印度教神廟都建有各種高聳的塔，即使是鄉村小寺廟的塔也直沖雲霄，在村中的每個角落都能看到，因為這種塔是代表通向聖界的聖山。

多樣的世界

文學與藝術

文學與藝術都是人類文明的結晶，是人類用來表現美的方式。幾萬年前人類就把畫繪在石壁上，用音樂和歌聲抒發感情，用文學描繪生活的面貌。文學與藝術成為人類凝固的歷史，記錄著絢爛的文明。

印度美術

印度的藝術幾乎都與神有關，它的佛教繪畫和雕刻藝術都在世界上享有盛譽。印度人製作了大量做工精緻、造型優美的藝術珍品。

荷馬和荷馬史詩

西元前八世紀出現的巨著《荷馬史詩》，包括：伊利亞特、奧德賽，相傳是盲詩人荷馬創作的。《荷馬史詩》被看做是西方文學最早、最傑出的代表。

趣味小知識

芭蕾舞

俄羅斯風格的音樂藝術在世界上享有美名，芭蕾舞是其中最具代表性的。俄羅斯音樂家譜寫的《天鵝湖》歷久不衰，幾乎就是芭蕾舞的代名詞。

文藝復興三傑

達文西、米開朗基羅和拉斐爾,是文藝復興時期最偉大的藝術家,號稱「文藝復興三巨匠」。他們的出現,象徵著義大利追求古典式平衡的文藝復興美術達到了光輝燦爛的鼎盛時期。

莎士比亞

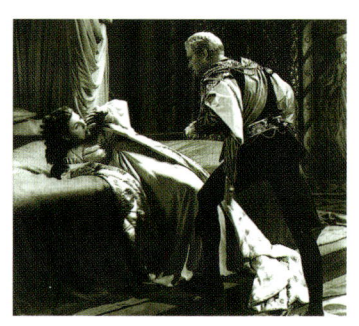

莎士比亞是英國偉大的文學家。這位生活在伊莉莎白一世女王時代的文學巨匠,一生中留下三十多部悲劇、喜劇和歷史劇,其中《哈姆雷特》、《奧賽羅》、《羅密歐與茱麗葉》代表了英國語言文學藝術的最高峰。

根據原作改編的電影《哈姆雷特》的劇照。

藝術之都

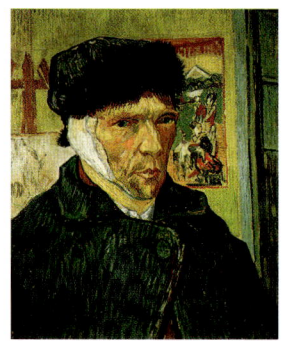

荷蘭的繪畫、雕塑、戲劇和建築藝術在世界上都很著名,這裡產生過許多世界著名的藝術家,例如:梵谷、魯本斯、倫勃朗、勃魯蓋爾等,他們都是舉世矚目的美術大師。

梵谷的自畫像。

貝多芬

德國作曲家貝多芬是西方音樂史上的傑出人物。他四歲開始學習音樂,一生不斷奮鬥,二十五歲後開始譜寫出一個又一

多樣的世界

個聞名世界的作品，其中《月光》奏鳴曲是他永不褪色的作品。

音樂神童莫札特

奧地利作曲家莫札特，幼年就顯露出超人才華，被譽為「音樂神童」。雖然他三十六歲便英年早逝，卻給後人留下了如《費加洛的婚禮》、《魔笛》和第三十九、四十、四十一號交響曲等眾多寶貴的音樂財富。

包羅萬象的博物館

人類幾千年的文明留下了無數值得紀念的東西。為了保存和展示這些歷史文物和其他有意義、有價值的東西，人們修建各式各樣的博物館。它們當中有歷史博物館、藝術博物館、自然博物館等。

大英博物館

大英博物館位在倫敦中心，建造於西元1753年。英國從世界各地搜羅來的大量珍寶，都收歸在大英博物館，使它成為當今世界上收藏極豐富的博物館之一。

日本水果博物館

日本山梨縣的水果博物館造型非常前衛，象徵水果生命力的陳列室裡，陳列著

放大兩百五十倍的各種果類。裡面生長著兩百種科屬的五萬八千種植物，特別的設計使室內一年四季都不需要用空調。

水果博物館的外部像個隕星，內部是個巨大的溫室，是日本女建築家長川依子設計的。

法國羅浮宮

羅浮宮是法國最大的王宮建築，也是世界上著名的藝術殿堂。這裡收藏著大量珍貴的藝術品，著名的維納斯女神像、達文西的《蒙娜麗莎》都收藏在這裡，吸引著無數參觀者。

羅浮宮的入口—這座玻璃金字塔是美籍華裔建築師貝聿銘設計的。

維利奇卡古鹽礦博物館

位於喀爾巴阡山北麓的波蘭小城維利奇卡，有一處被稱為「地下鹽雕藝術殿堂」的古鹽礦博物館。古代藝術家用鹽岩鑿成的人物和建築，栩栩如生，而且精美晶瑩，純淨無瑕。

原子球博物館

比利時的原子球博物館是一個由九個銀色金屬球體組成的奇特建築，每個球之

多樣的世界

間用巨大的圓柱連接。各個球體內是博物館的展廳，向人們展示著比利時科技發展史和最新的科技成果。它是比利時現代化的象徵性建築。

伊拉克博物館

伊拉克博物館的藏品多為兩河流域文化遺產，展品的陳列按照時間順序排列。其中有用世界上最早的文字寫成的泥板文書，還有許多伊斯蘭時期的珍貴文物。

伊拉克博物館裡的膜拜者的雕像。

埃及博物館

埃及博物館是世界上最著名、規模最大的古埃及文物博物館。館內收藏二十五萬件歷史文物，大多數展品年代超過三千年。其中許多文物，例如：法老石像、宮廷御用珍品、圖坦卡蒙純金面具和黃金棺都是古埃及藝術品中的傳世之作。

趣味小知識

葉爾金石

葉爾金石就是雅典帕提儂神廟的大理石，是大英博物館的鎮館之寶，是當年英國駐土耳其的大使葉爾金伯爵七世從西元1799年開始陸續運往英國的。

宮殿和城堡

古代的君主為了顯示自己的地位，總是耗費鉅資來建造宏偉的宮殿；為了居住或抵禦外侵，國王和貴族們又修建許多的城堡。這些建築因國家、地域等差別，呈現出各種不同的建築風格。

日本的姬路城堡

日本的姬路城堡外形優美典雅，有「白鷺城」的美稱。實際上，它是一座軍事性防禦城堡，有瞭望臺、射擊孔等許多機關，是日本的建築精華。

姬路城堡有五層，外面的石牆非常陡峭，敵人很難攀登進入。

印度的阿格拉古堡

阿格拉古堡在印度新德里，是用紅色砂岩建造的，用於防禦堅固的宮殿。它還有一個名稱叫紅堡，融合傳統的印度建築和伊斯蘭建築風格。

英國的白金漢宮

西元 1838 年，維多利亞女王把白金漢宮正式作為英王王宮。今天，白金漢宮已經對外開放，宮內的陳設和駐紮在這裡的御林軍都保持著維多利亞時代的風格。

多樣的世界

法國的凡爾賽宮

凡爾賽宮是法國國王路易十四建造的，曾經是法國國王的主要居所。整個宮殿有一千三百個房間，宮中的花園長達三千公尺，有噴泉、雕像、草坪、花壇，美不勝收。

法國大革命時，國王和王后就是在凡爾賽宮被押往巴黎，送上斷頭臺的。

法國的尚博爾城堡

法國的貴族們把家安置在盧瓦爾河旁一個奢華的小島尚博爾城堡內。古堡分為兩部分，四角建有堅固的圓柱形塔樓，是法國文藝復興時期的傑作。

俄羅斯的克里姆林宮

克里姆林宮是今日俄羅斯的政府所在地。中世紀時，它還是一座城堡，後來一直是俄國的皇家宮院。今天，克里姆林宮的圍牆之內有大教堂、博物館和宮殿。

趣味小知識

法國的楓丹白露宮

楓丹白露宮是供法國國王路易十六打獵休息用的，城堡附近有茂密的森林。現在楓丹白露宮已成為昔日法國王室珍寶的收藏室。

西班牙的阿爾漢布拉宮

阿爾漢布拉宮是西班牙的一座宮殿，建在山頂上，是由統治西班牙的摩爾人修建的。在阿爾漢布拉宮有一個大理石建造的庭院，是當時摩爾人的王子、親王們娛樂休閒的地方。

著名的橋梁

世界上有各種各樣的橋梁飛跨河流、海洋和峽谷，這些橋有些供汽車、火車和行人通過，還有一些是用來運水的。它們都是利用先進的工程技術和優良的設備建造出來的，在世界上享有盛名。

日本的瀨戶大橋

日本的瀨戶大橋由六座橋梁組成，它跨過海洋，把日本的本州和四國島連接起來，全長 12.2 公里，是世界著名的橋梁，橋的上層可以通汽車，下層可以跑火車。

土耳其的法蒂赫大橋

法蒂赫大橋橫跨亞、歐之間的博斯普魯斯海峽。這座橋氣勢宏偉，不僅減輕了伊斯坦堡的交通負擔，也發展亞、歐兩洲之間的交通，促進土耳其經濟的發展。

多樣的世界

倫敦的塔橋

塔橋在英國倫敦泰晤士河上，橋面可以升降，橋上有兩個塔樓和一個吊橋。當有船通過時，只要升起橋面，大型的船舶就可以順利通過。

倫敦塔橋的上層用玻璃裝飾，是眺望倫敦美景的好地方。

義大利的韋基奧橋

韋基奧橋建於西元 1345 年，橫跨在義大利佛羅倫斯市的阿爾諾河上。這座橋的兩個橋墩支撐著三個橋拱，橋墩的形狀非常適合河水流過。橋面上還建有商店和房屋。

法國的加爾橋

法國加爾省的加爾橋是羅馬人開鑿建造的，這座造型雄偉的橋斜跨加爾河，主要用來運輸淡水。橋分三層，底層的六個拱門中只有一個跨越加爾河。這座五百年前建造的大橋至今仍保存完好。

金門大橋

金門大橋在美國三藩市，是世界上最大的單孔吊橋。大橋的橋身不是靠橋墩支撐的，而是利用橋兩側弧形吊索的拉力把沉重的橋身吊起來，這種設計在橋梁建築學上是一個重大的創舉。

兒童百科一本通

雪梨的海港大橋

雪梨海港大橋號稱世界第一單孔拱橋，橫跨澳大利亞的傑克遜港。橋的單拱跨度五百零三公尺，外形像高懸的衣架。橋面高出海平面五十九公尺，萬噸巨輪可以從橋下通過。

雪梨海港大橋寬四十九公尺，設有汽車道、火車道、自行車道和人行道。

趣味小知識

義大利的嘆息橋

在威尼斯城裡，有一座連接都卡雷宮和舊監獄的小天橋，叫嘆息橋。據說犯人一過此橋便永不見天日了。

紀念堂和紀念碑

每個國家和地區都有自己重要的歷史事件和偉大人物，為了永遠的記住這些，人們建造一座又一座紀念性建築。今天這些建築已成為各種感情的象徵，接受著人們的瞻仰。

328

多樣的世界

泰姬陵

泰姬陵是世界七大建築奇蹟之一，是印度的瑰寶。它華麗壯觀，全部由潔白無瑕的大理石砌成，布局充分表現伊斯蘭建築藝術左右對稱、整體諧調的傳統。

凱旋門

凱旋門坐落在巴黎市中心的星形廣場中央，是法國皇帝拿破崙一世為紀念自己的戰功而建立的羅馬式拱門。這是世界上最大的拱門，上面刻有各種浮雕。

坐落在巴黎星形廣場的凱旋門，耗時三十年建成。

伊朗自由紀念塔

自由紀念塔屹立在伊朗德黑蘭市的自由廣場上，是一座風格新穎的灰白色巨塔。這座塔原為國王紀念塔，全塔高四十五公尺，是西元1971年10月波斯帝國成立二千五百年慶典時建成的。

趣味小知識

華盛頓紀念碑

華盛頓紀念碑在華盛頓市中心，是為了紀念美國首任總統喬治·華盛頓而建立的。碑用白色大理石建成，外形像即將升入太空的火箭，頂端像埃及的金字塔。

自由女神像

自由女神像矗立在美國紐約港，是法國為紀念美國獨立戰爭期間的美法聯盟而送給美國的禮物。女神巨像右臂高舉火炬，左臂抱著象徵美國精神的《獨立宣言》。

自由女神是法國雕塑家奧吉斯特・巴托爾迪用十年時間在巴黎構思並製造的。

博蘭登堡門

博蘭登堡門是德國著名的紀念性建築，這個象徵勝利的門是為普魯士王國統一德國而修築的。門頂雕塑著四匹拉著兩輪戰車飛奔的駿馬。

葡萄牙航海紀念碑

葡萄牙曾是世界海上強國，船隊幾乎到達世界的各個角落。葡萄牙航海家麥哲倫被認為是世界第一個環球航海的人。為了紀念這些航海家的功績，葡萄牙修建這座紀念碑。

喬治・華盛頓

喬治・華盛頓是美國第一任總統，被尊為「美國之父」。不僅是因為他在獨立戰爭中取得決定性勝利，更因為他對三權分立思想的堅持，為美國奠定民主自由的國家精神。

多樣的世界

現代奇觀

　　為了適應不斷變化的時代潮流和要求，建築師和工程師設計建造出一座又一座不同風格、不同功能的宏偉建築，這些建築創意和構造的完美使人由衷的稱它們為奇觀。

香港中銀大廈

　　香港中國銀行大廈建在香港最繁華的中環廣場。這座大廈由許多個穩固的三角形結合而成。這種結構不怕強風的侵襲，能夠很好的抵禦颱風。

國油雙峰塔

　　國油雙峰塔坐落在馬來西亞吉隆坡市中心，共八十八層。整棟大樓的格局採用傳統回教建築常見的幾何造型，包含四方形和圓形。

吉隆坡的國油雙峰塔採用回教建築常見的幾何造型。

米拉公寓陽臺上的鐵圍欄造得像海藻一樣。

米拉公寓

　　西元1906年，建築師安東尼‧高迪在西班牙巴賽隆納建造了米拉公寓。整個建築極力模仿自然，避免直線和

331

直角的使用，看起來好像是用泥團捏製成的。

慕尼黑奧林匹克運動場

德國慕尼黑奧林匹克運動場的頂蓋是由一塊塊玻璃膠片拼合成的，用一個鋼纜製成的正方形網架和五十六根鋼筋支柱與鋼纜懸索結構支撐著。

古根漢博物館

古根漢博物館是美國的現代建築。博物館像一個鋼筋混凝土製成的漏斗，裡面是一道螺旋形的緩坡走廊。它奇特的形狀與周圍的建築形成強烈的對比。

觀眾可以坐在慕尼黑奧林匹克運動場的透明頂蓋下觀看各項比賽。

趣味小知識

可以移動的高樓

為了順應時代的變化，今天的建築設計師把許多高樓設計成可以靈活移動的。只要需要，就可以把整座高樓從原來的位置移到別的地方。

魁北克要塞

　　魁北克市是加拿大東部重要的港口之一，面臨聖羅倫斯河，歷來被認為是北美洲最著名的軍事要塞。這裡建有一個七角形的星狀建築，周圍是堅固的城牆，中間有迷宮般的防禦工程。

美國泛美大廈

　　泛美大廈在美國三藩市，這座大廈的下部寬大、上部狹窄，就像一個高大細長的三角形，穩穩的矗立在三藩市市內。這種結構在發生地震時不易倒塌。

第四節　異國風情

歡樂的節日

世界各地因為文化傳統和習俗的不同，形成了各具特色的節日。每到節日，人們都放下手中的工作，精心裝扮一番，參加令人振奮的活動，使整個節日充滿了歡樂。

百鳥爭鳴節

新加坡政府鼓勵人們養鳥，每年7月都舉辦百鳥爭鳴節。節日裡，各種鳥兒爭相鬥歌，最後只有音色好、外觀漂亮的鳥才能獲獎。

兒童節

每年5月5日是日本的兒童節，這一天，有男孩子的家庭都在屋頂懸掛布做的鯉魚旗，在門上掛菖蒲葉，全家吃粽子。

日本人深信鯉魚跳龍門的傳說，象徵著力量和成功。

花衣笛手節

傳說德國哈默爾恩城曾經發生嚴重的鼠患，一位花衣笛手用笛聲消滅老鼠。由於人們違背諾言，他又用笛聲哄走許多兒童。於是每年這裡都要舉行花衣笛手節，

多樣的世界

告訴人們誠實守信是最可貴的。

西班牙番茄節

番茄節是西班牙巴倫西亞小鎮的傳統節日。每年八月最後一週，人們聚集在市中心的廣場上舉行番茄狂歡，大家互相投擲番茄和潑水。到最後，整個廣場積滿了一層厚厚的番茄醬。

番茄節裡，人們只有渾身沾滿番茄汁，才算玩得投入。

保加利亞玫瑰節

每年 6 月的第一週是保加利亞的玫瑰節。節日裡玫瑰盛開，人們載歌載舞，「玫瑰姑娘」們把玫瑰花瓣撒向人群，飛機在空中向人群灑玫瑰香水，呈現一派歡騰景象。

巴西狂歡節

巴西狂歡節始於西元 1641 年，殖民統治者為了慶祝葡萄牙國王的壽辰而舉行的民眾遊行、舞蹈、暢飲娛樂慶典。經過三百多年的發展，巴西狂歡節已成了民間最重要的節日。

楓糖節

加拿大糖楓樹葉可以熬製出楓糖。每年 3 月採集糖楓葉的時候，楓糖節也就開始了。節日裡，生產楓糖的農場製作出楓

糖糕、太妃糖供應給遊客。直到6月，楓糖節才結束。

趣味小知識

玫瑰油

玫瑰油是從玫瑰花中提煉出來的，比黃金還貴重。保加利亞玫瑰谷出產的玫瑰花含油量非常高，這裡出產的玫瑰油馳名世界。

奇異的民俗

這種合掌屋是日本最有特色的傳統住宅。

由於世界各地的文化形成不同，而且人們對生活也各有不同的享受和理解方式，所以各個國家和地區有不同的民俗。一些奇異的民俗還成為吸引世界人們的焦點。

泰國和尚

泰國人認為剃度是一種社會資歷，每個男人一生一定要剃度當一次和尚。在這個國家中，無論是舉行國家大典、閱兵儀式還是商店開張，都要請和尚誦經祝福。

336

多樣的世界

茶道

茶道是日本人接待賓客的禮儀，它代表一種雅致的文化修養。茶道不同於平常的喝茶，它有一套嚴格的規則，而且對進行場所的建築、裝飾、氛圍有比較高的要求。

嗜茶的民族

土耳其人特別喜歡喝茶。在土耳其隨處可見人們在喝茶，街頭也到處是背著大茶壺的賣茶人。走在大街上，你可以隨時喝一杯。

在土耳其的很多公園內都有茶具雕塑。

獨特的農業形式

以色列農業組織形式主要是合作社。其中，「基布茲」是一種財產共有的村落形式，大家共同勞動、平均分配勞動所得。「摩夏浦」是一種合作社集團，土地歸國家所有，勞動所得由合作社分配和使用，還禁止從事有薪工作。

風車

風車是荷蘭的民族象徵。因為全國地勢低平，而且有可利用的海風，於是荷蘭人建造了許多風車，用風力來帶

荷蘭曾擁有一萬多架風車。

337

動抽水機、鋸木機、磨穀機工作。這是荷蘭人民勇於與自然競爭的見證。

鬥牛

鬥牛是西班牙特有的古老傳統，由鬥牛士與狂暴的公牛在場中對陣。鬥牛場面驚心動魄，富有強烈的刺激性。千百年來，這種人牛之戰吸引著全世界各地的觀看者。

啤酒節

啤酒是德國人的最愛，每年慕尼黑都要舉辦盛大的啤酒節。期間，德國人會放鬆開懷痛飲。啤酒節上每個廠家都準備足夠的啤酒，讓所有人喝個痛快。

趣味小知識

水上市場

曼谷市內的小河上，有很多人撐著裝滿蔬菜瓜果的船，大聲叫賣，非常熱鬧，形成有趣的水上集市。

傳統的服飾

因為民族、生活習慣、居住地環境等條件的不同，世界各地人民的服飾也不相

多樣的世界

同。每個民族都有自己傳統的服飾，這些服飾是民族的象徵，也是各自對美理解的一種表達。

朝鮮傳統服裝

傳統的朝鮮族男子的打扮多為身穿寬鬆的短褂、用細帶束住褲腿的寬大長褲；而女性打扮為身穿開襟的短上衣、寬鬆的高麗裙，上衣和長裙的顏色非常鮮豔。

巴迪

在馬來西亞，人們大多數穿蠟染、色彩鮮豔的長袖上衣，這種衣服叫做「巴迪」。它的布料很薄，穿起來很涼爽，無論何時何地都可以穿，被稱為「國服」。

和服

和服是日本的傳統服裝，式樣很多，男式和女式的差別顯著。男式的色彩單調，而女式的顏色鮮豔。穿和服時，講究襪子、木屐、髮型，還有腰帶等的搭配。

伊斯蘭服飾

伊斯蘭婦女出門都必須用一塊大黑布從頭遮到腳，只能露出眼睛和鼻子，而男子的服飾打扮多是頭纏白布或黑布，身披黑色或古銅色的披風。

越南長服

越南長服和中國的旗袍不太一樣。越

南長服開衩很高，袖子是窄窄的，緊貼住手臂，裡面穿上一件白色的寬鬆絲綢長褲，別具特色。

恰卡拉

北美洲巴拿馬農民的傳統打扮是穿一種用薄料子做的閉領襯衣，頭戴用彩色禾稈編織的草帽，而且無論男女，肩上都掛著一個用植物纖維做的掛包，這就是「恰卡拉」。

船形木鞋

荷蘭地勢低窪，長年潮溼，買不起鞋的貧苦人們就用木頭做成鞋子，這種木鞋穿起來舒適、保暖，於是就流行起來。今天，荷蘭農民和漁民還愛穿這種木鞋。

船形木鞋是荷蘭最有特色的紀念品。

趣味小知識

軟底鞋

按照日本人的傳統習慣，進屋必須脫鞋，以保持室內的清潔，所以在家中，日本人多穿軟底鞋、襪子或光著腳。

多樣的世界

優美的舞蹈

在古代，人們用舞蹈來讚美神靈，慶祝豐收，表達歡樂、哀傷等各種複雜的心情。隨著時間流逝，舞蹈成為人們生活的一部分。一些具有民族和地域特色的舞蹈，仍然保留著傳統文化的底蘊。

印度歌舞

印度人熱情奔放，能歌善舞。因此，音樂和舞蹈在印度人民生活中是不可缺少的，宗教祭祀和節日更是離不開風格獨特的舞蹈和美妙的歌聲。

印度人認為世間的一切都可以在舞蹈中得到表現。

朝鮮歌舞

朝鮮族人能歌善舞，每到節日和收穫的日子到處都洋溢著歌舞的歡樂，其中扇子舞、男寺黨之舞和農樂舞，都是充滿民族氣息的傳統舞蹈。

巴里舞

巴里島是印尼群島中的明珠，是一座藝術之島，世代居住在這裡的巴里人擅長各種舞蹈。其中巴里舞對手和指尖的動作要求很高。在巴里島上，祭祀儀式、婚喪

嫁娶，甚至生辰小慶，都少不了舞蹈，這種「舞之島」是世界少有的。

佛朗明哥舞

佛朗明哥舞是西班牙最著名、最激勵人心的民間歌舞，是西班牙人的驕傲，與鬥牛並稱為西班牙兩大國粹。佛朗明哥舞熱情、奔放、優美、剛健，表現了西班牙人的民族氣質。

探戈

探戈舞可能起源於非洲的一種民間舞蹈——探戈諾舞。後來傳到美洲大陸，融會拉丁一些民間舞蹈的風格，形成墨西哥式和阿根廷式兩種。探戈舞因為瀟灑豪放，享有「舞中之王」的美稱。

夏威夷草裙舞

夏威夷草裙舞是一種用手勢和舞步，表達思想、感情或故事情節的優美舞蹈。傳說，草裙舞是火山女神佩烈的妹妹納卡發明的，納卡也因此被稱為舞蹈之神。

趣味小知識

巴里舞的種類

巴里舞深受印度文化的影響，用傳統的銅制「佳美蘭」伴奏，舞姿通常表現神和人的聯繫。巴里舞的代表種類很多，有列岡舞、班耐舞、紮克舞等。

多樣的世界

森巴舞

　　森巴舞是巴西人人會跳的「國舞」，它起源於非洲西海岸，傳到巴西後，與葡萄牙人和印第安人的舞蹈相互融合，形成特色鮮明的森巴舞。熱烈、活潑、歡樂、舞步快捷猛烈，是它的主要特色。

在狂歡節中，森巴舞是不可缺少的節目。

民族體育

　　體育運動是很有趣的事情。它不僅能夠鍛鍊身體，還能磨礪意志，對人們的身心健康也十分有益。許多有民族特色的體育項目還表現了各民族的丰采。

跳板和秋千

　　跳板和秋千是朝鮮族婦女傳統的群眾性體育活動，秋千有單人和雙人兩種。在節日裡，婦女們身穿豔麗的民族服裝盡情歡娛。

相撲

　　相撲是日本最盛行的體育比賽，幾乎與日本國具有同樣

相撲勝負的關鍵不是力氣的大小，而是熟練的技巧。

343

悠久的歷史。它在早期是一種宗教儀式，六世紀以後成為體育項目。優秀的相撲手是日本青少年的偶像。

跆拳道

跆拳道是韓國的國術，是一種進可攻、退可守的拳術。現在跆拳道已成為世界化的運動，深受世界各國青少年的喜愛。

瑜伽

瑜伽是古印度的一種修行方法，具有濃厚的宗教色彩。在印度，經常可以看到修練瑜伽的人，因為瑜伽是一項修身養性、強身健體的運動，可以讓人擺脫煩惱。

現在瑜伽在世界各國都很受推崇。

冰棍球

冰棍球是加拿大人熱愛的一項活動，有的孩子三、四歲就會玩冰棍球，因此加拿大被稱為「冰棍球之鄉」。玩冰棍球時，隊員們穿上冰刀鞋，手持球棍，在冰棍球場上一比高下。

足球王國

巴西足球世界聞名，巴西國家隊至今已奪得過五次世界盃冠軍，出現過貝利、法爾考、羅納爾多等世界級的巨星。巴西擁有先進的足球訓練體系和近乎完美的足

344

多樣的世界

球環境，這些豐富的足球資源讓巴西稱雄世界足壇。

圍牛運動

圍牛運動是智利的國粹之一。比賽中，兩名選手組成搭檔，在賽場上驅馬，一側一後，用適當的速度、高超的技巧把蠻牛圍堵在指定區域。這種比賽不僅考驗選手駕馭馬匹、驅趕牛群的能力，同時還要考驗他們的勇敢精神。

趣味小知識

長跑冠軍

世界比賽中的長跑冠軍多數都是肯亞的運動員。肯亞的高原地勢、生活環境和習慣，可能都有助於培養長跑運動員的身體素質。另外，肯亞人的血統可能使他們更適合長跑運動。

美味佳餚

世界各國的人們因為生活環境、習慣的不同，所以食物的口味也有很大的差別。世界各地都有自己特殊的食品，其中有許多還成為全世界流行的美味。

泡菜和冷麵

泡菜和冷麵是朝鮮族的傳統食品。夏季食用的冷麵極有彈性，口感很好，湯中加入冰塊和調料，吃起來涼爽鮮美。泡菜品種很多，是朝鮮族人民每餐必備的。

日本料理

料理是日本人對飯菜的統稱。日本料理也叫「和餐」，它的種類很多，除生魚片、河豚魚、壽司和蕎麥麵條外，還分為極富地方特色的關東料理、京都料理和大阪料理等。

壽司是日本料理中的主要食品。

法國葡萄酒

法國是世界首屈一指的葡萄故鄉，這裡所產的葡萄釀出來的葡萄酒世界馳名。法國的葡萄酒釀造有著悠久的歷史和特殊的工藝，是法國文化中的一道亮彩。據說，法國的葡萄酒有上千種。

瑞士乳酪火鍋

乳酪火鍋是瑞士全國流行的食品，極富瑞士本土特色。乳酪火鍋就是把當地產的二至三種乳酪，用白葡萄酒燒熱化開，然後把化開的乳酪塗在切成小塊的麵包上食用。乳酪種類和配合方式不同，味道也有很大差別。

多樣的世界

古巴朗姆酒

古巴土著用甘蔗汁製成一種烈性飲料，喝後人會變得異常興奮，這就是今天蘭姆酒的前身。哈瓦那俱樂部的蘭姆酒是世界最好的，用它調製的雞尾酒更是一絕。

義大利比薩餅

比薩餅是義大利的特色食品之一。傳統的製作方法是用爐子在炭火上烤製，烤好的比薩餅邊緣會高高的翹起來。餅上撒滿番茄、乳酪、蛤肉等配料，吃起來香甜鬆軟。

比薩餅的口味很多，根據個人的喜好有多種不同的選擇。

哥倫比亞咖啡

哥倫比亞的農業生產以咖啡種植為主，這裡全年雨量分配均勻，各種種植條件都非常適合咖啡的生長。咖啡豆在這裡成熟慢，因而積累了大量的芳香物質和咖啡鹼，質量是世界最好的。

趣味小知識

法國葡萄園

葡萄園遍布法國各地，但各個地區種植的葡萄品種並不相同，用這些不同的葡萄釀造出來的葡萄酒，也就有了很大的區別。

第五節　一體化的世界

國際組織

為了有效進行國際合作、協調各國在經濟、技術、文化等多方面的交流與合作，世界上形成了許多國際性機構，這些國際機構在各自不同領域的世界合作中起了十分重要的作用。

聯合國

西元 1945 年成立的聯合國，現在是最大的政府間國際組織。宗旨是「維護國際和平及安全、發展國際間友好關係」等，總部設在美國紐約。到 2003 年，已有成員國一百九十一個。

在美國紐約的聯合國總部大樓。

聯合國教科文組織

聯合國教育、科學及文化組織是聯合國的專門機構，簡稱聯合國教科文組織。總部設在巴黎，宗旨是通過教育、科學和文化促進各國間的合作。

世界貿易組織

世界貿易組織簡稱 WTO，是規範世界

多樣的世界

範圍貿易、投資和經濟合作的全球性組織。它在西元1995年1月1日取代原本關稅暨貿易總協定，成為聯合國永久性的國際組織。

國際紅十字會

國際紅十字會是獨立的、非政府的人道主義組織，在國際範圍內組織和協調衛生及救護活動，宗旨是在戰爭中行善和通過人道工作維護和平。總部設在日內瓦。

亞太經濟合作組織

成立於西元1989年的亞太經濟合作組織簡稱APEC，是亞太地區的主要經濟合作組織。APEC的宗旨和目標是相互依存、共同受益、堅持開放性多邊貿易體制和減少區域內貿易壁壘。

聯合國兒童基金會

聯合國兒童基金會簡稱UNICEF，是唯一完全致力於為世界兒童的基本需要謀求幸福、改善兒童因為戰爭受傷害的聯合國組織。

聯合國兒童基金會為解決發展兒童的生存、教育和發展問題做出巨大貢獻。

歐洲聯盟

歐洲聯盟簡稱歐盟，是「通過建立無內部邊界的空間，加強經濟、社會的協調發展和建立，並最終實行統一貨幣的經濟

349

貨幣聯盟，促進成員國經濟和社會均衡發展」的組織，由歐洲共同體演變而來的。

趣味小知識

國際組織的分類

國際組織的分類按地域範圍，可分為世界性組織和區域性組織；按發起者的性質，還可以分為政府間組織和民間性組織。

地球村

隨著時代的發展，人類活動的所有領域從經濟、政治到文化藝術創作等，幾乎全都打破了疆域概念。人際間的相互依存越來越強，地球似乎也正變得越來越小，成了一個大村落。

經濟全球化

世界成了地球村，人們在經濟上的交流與合作越來越密切，哪個國家也不能完全自給自足，經濟全球化成了時代發展的必然趨勢。

股市已經成為經濟全球化發展的縮影。

350

多樣的世界

國際合作

一體化的世界，使國家間的聯繫變得多元化，許多世界性的問題，不可能依靠一個或幾個國家的力量解決，只能依靠國際間的合作來完成。於是國際合作在世界各領域中占據主導地位。

跨國公司

在兩個或兩個以上國家同時進行經營活動的公司、企業就是跨國公司，是世界經濟中集投資、貿易、金融、服務功能於一身的特殊主體。它的全球經營戰略和網路結構，把世界各國的經濟緊緊聯繫在一起。

共同的科技

科學技術是第一生產力，科技的發展影響著整個人類的進步。一體化的世界使人類擁有共同發展科技的條件，世界各國的科技工作者親密合作，共同致力於科技研究，更努力為人類服務。

世界的奧運

奧運會是世界性的綜合運動會，每四年舉行一次。通過相互了解、友誼、團結和公平競爭的精神，增進各國人民間的了解，促進人類

希臘的奧林匹克遺跡仍是今天奧運會聖火火源採集儀式舉行的地方。

身體、心理和道德的全面發展，維護世界和平。

世界和平

和平與發展是世界兩大主題，只有在安定和平的環境下，人們才能更好的進行各項活動。但世界局部地區依然存在著衝突和戰爭，霸權主義和強權政治還在威脅世界的穩定，世界和平需要人類共同來維護。

提防物種「全球化」

全球化的進步越來越快，許多物種來到本不屬於牠們的棲息地，結果造成其他物種的滅絕。比如被帶到歐洲水域的美洲紅蟹，由於沒有天敵，使歐洲幾乎所有的螃蟹都滅絕了。

H18001 Mini漢湘繪本館

彩色精裝書
共12冊

● 想像力與啟示性的題材，是幫助孩子學習的最佳方式。
● 在跨越幼兒時期後，針對孩子的閱讀，應以圖文搭配作為邏輯上的結合運用。

每本售價99元　全套售價1188元

1058 我的旅行繪本

21.6×20.5~21cm
4本彩色精裝書 每本約20頁

圖像認知是幼兒最佳學習方式，本套書以關連性的圖形增加小朋友的記憶力。
藉由顏色鮮豔的可愛圖繪，再加上故事情節的編排，增進孩子學習意願。

每本售價99元　全套售價396元

5101~5118 12片裝CD禮盒

14.1×18.8cm 小盒精緻版

5101	0歲啟蒙教育	5107	親子床邊故事	5113	親子美語教室
5102	小乖乖牙牙學語	5108	萬能博士小叮噹	5114	三字經唐詩成語
5103	世界童謠精粹	5109	自然科學小叮噹	5115	金鼎獎西遊記A
5104	兒歌說唱逗唱	5110	小叮噹10萬為什麼	5116	金鼎獎西遊記B
5105	世界童話之旅	5111	小叮噹台語教室	5117	金鼎獎詩樂之旅
5106	中國童話之旅	5112	品德法律小叮噹	5118	三國誌

每盒售價299元

2010 5分鐘成功寓言故事

從小讓孩童學習多樣的成功特質，帶給孩子好的靈活思維。『5分鐘成功寓言故事』特別精選48篇寓言故事，以孩子最喜愛的動物為主角，每篇皆附單字表，讓孩子在潛移默化中學習、成長。

19×26cm
彩色平裝16頁/本 共12冊
中英雙語導讀CD12片

全套售價690元

2034 寶寶心靈成長雙語繪本

屬中英雙語類，適合3歲以上兒童閱讀
25×25.9cm彩色書34頁/本 共12冊+12片CD

每一本書以一個教育主題編撰，家長可以延伸話題和孩子一同討論，讓小朋友學習思考問題。

全套售價948元

2035 寶寶潛能開發雙語繪本

屬中英雙語類，適合3歲以上兒童閱讀
25×25.9cm彩色書34頁/本 共8冊+8片CD

鮮豔的插圖、多重的畫風，培養小朋友的美學概念、對色彩的敏銳度與配色，同時學習認識書中的動物與物品。

全套售價632元

編　　著：幼福編輯部
出版者：幼福文化事業股份有限公司
地　　址：236新北市土城區民族街11號2樓
電　　話：886-2-2269-6367
傳　　真：886-2-2269-0299

定　　價：依封面定價為主
新版日期：2012年10月
版權編碼：C01

本書如有缺頁破損或裝訂錯誤者，請寄回本公司更換。
版權所有‧翻印必究 Printed in Taiwan

1413
初學卡通簡筆畫一本通

1436
恐龍奧祕一本通

1431
台灣歷史一本通

1428
兒童唐詩一本通

1400
昆蟲奧祕一本通

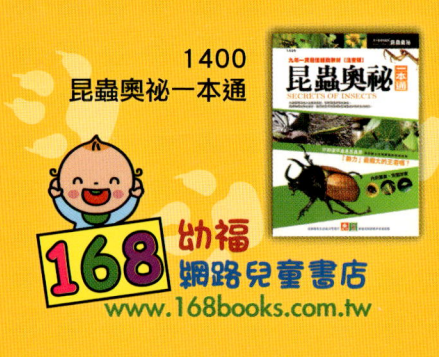

1426
天文奧祕一本通

1427
兒童作文一本通

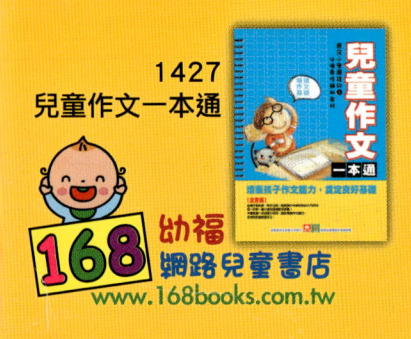

1414
彩色卡通簡筆畫一本通

1402
動物奧祕一本通